墨香财经学术文库

"十二五"辽宁省重点图书出版规划项目

U0674530

The Measurement and Management of
Credit Risk of
Chinese Commercial Banks

我国商业银行信用风险度量与管理研究

刘迎春 ◎ 著

东北财经大学出版社
Dongbei University of Finance & Economics Press

大连

ⓒ 刘迎春 2014

图书在版编目（CIP）数据

我国商业银行信用风险度量与管理研究／刘迎春著．—大连：东北财经大学出版
社，2014.9

（墨香财经学术文库）

ISBN 978-7-5654-1572-2

Ⅰ.我… Ⅱ.刘… Ⅲ.商业银行–贷款风险–风险管理–研究–中国 Ⅳ.F832.33

中国版本图书馆 CIP 数据核字 （2014） 第 130592 号

东北财经大学出版社出版发行

　　大连市黑石礁尖山街 217 号　邮政编码　116025

　　教学支持：（0411）84710309

　　营 销 部：（0411）84710711

　　总 编 室：（0411）84710523

　　网　　址：http：// www. dufep. cn

　　读者信箱：dufep @ dufe. edu. cn

大连图腾彩色印刷有限公司印刷

幅面尺寸：170mm×240mm　字数：157 千字　印张：11 1/2　插页：1
2014 年 9 月第 1 版　2014 年 9 月第 1 次印刷
责任编辑：李智慧　孔利利　　　　责任校对：刘咏宁
封面设计：冀贵收　　　　　　　　版式设计：钟福建
定价：38. 00 元

前　言

　　2007 年美国次贷危机引发的全球金融危机给世界经济造成了巨大的打击和损失。对于金融危机，可以从不同层面解读，但究其根源，是信用风险管理的失控。

　　为应对危机，2008 年 11 月我国政府实施了宽松的货币政策，加大、加快了信贷投放的速度和力度，使得信贷快速增长条件下的风险隐患正在集聚。加强银行风险管理，尤其是准确地识别和度量、有效地控制和化解银行的信用风险，已成为未来几年我国政府、银行机构、银行家和公众关注的重点。

　　针对此次危机，2010 年 9 月 12 日，国际银行监管机构出台了新的监管协议《巴塞尔资本协议Ⅲ》，该协议提出了更为严格的资本和流动性监管标准，对加强银行风险控制的重视达到了前所未有的程度。我国是巴塞尔银行监管委员会成员国，到 2017 年我国银行业将开始实行《巴塞尔资本协议Ⅲ》的标准，深入研究新协议的相关内容，分析新协议对我国商业银行信用风险管理的影响及在信用风险管理方面我国银行业如何适应新协议的实施已成为当务之急。

　　信用风险一直是我国商业银行面临的主要风险，在目前国内外复杂的经济环境下，加强我国商业银行信用风险管理对维护我国经济持续健康稳定发展更显重要、必要和紧迫。因此，吸取国外银行在金融危机中的经验教训，并结合我国实际国情，对我国商业银行信用风险度量技术和管理方法进行研究，为提高我国商业银行信用风险度量和管理水平提出前瞻性建议，不仅具有十分重要的理论价值，还具有很强的现实意义。

本书以国际银行业新的监管标准《巴塞尔资本协议Ⅲ》为导向，在分析我国商业银行信用风险和信用风险管理的现状、面临的问题和存在的不足的基础上，围绕商业银行应如何加强信用风险的度量和管理两方面内容展开深入研究，最后给出在全球金融危机后，我国商业银行加强信用风险管理的一些政策性建议。

本书主要研究了以下几个问题：

1. 巴塞尔资本协议与我国商业银行信用风险管理现状

本书系统地阐述了一系列巴塞尔资本协议在商业银行信用风险管理方面提出的不同要求，分析了各协议对商业银行信用风险管理产生的重要影响；对我国商业银行信用风险管理的现状进行了总结，并指出了商业银行信用风险管理面临的问题、存在的不足之处及与巴塞尔资本协议要求存在的差距。由此得出结论：目前加强商业银行信用风险管理十分必要、重要和迫切。我国银行业应该在适应实施《巴塞尔资本协议Ⅱ》的同时，根据《巴塞尔资本协议Ⅲ》提出的新的监管要求和指导原则，制定长远的发展战略，引导银行的改革与建设，进行有效的信用风险管理。

2. 商业银行信用风险度量方法研究

本书构建了从单笔贷款信用风险度量、信贷组合信用风险度量、经济资本度量、经风险调整的资本收益率（RAROC）度量到信用风险的定价管理、组合优化管理、资本管理和分散转移管理的系统化商业银行信用风险度量和管理框架。对在整个度量框架中所涉及的多个参数包括单笔贷款的违约率、违约风险敞口和违约损失率，信贷组合损失相关系数及 RAROC 的度量方法进行了深入研究。找到了一套虽然浅显但却能快速运用到银行具体实践中的实用可行的度量方法，形成了一个完整的信用风险度量和管理体系。

3. 基于主成分 Logistic 模型的单笔贷款违约率度量研究

本书选取我国的 104 家上市公司组成样本，以是否被 ST 或 *ST 作为违约标准，基于公司财务指标数据，并对财务指标的选取方法进行改进后建立了主成分 Logistic 违约率度量模型。由此得出结论：改进后的指标选取方法增加了模型的稳定性。

主成分 Logistic 违约率度量模型基于公司财务指标数据进行模型构建，商业银行可以用该模型对其非上市公司单笔贷款的违约率进行度量。

4. 基于 KMV 模型的单笔贷款违约率度量研究

本书按行业配比，选取分属 5 个行业的 16 家上市公司（ST 和非 ST 公司各 8 家）组成样本，利用 GARCH（1，1）模型估计股权价值的波动率，运用 KMV 模型计算样本公司 2010—2012 年连续 3 年的违约距离。首先比较同一行业 ST 公司和非 ST 公司的信用状况差异，然后对上市公司的信用风险状况进行分行业比较研究，最后考察上市公司信用风险状况与宏观经济走势的关系。

得出结论：在同一行业内，KMV 模型能够很好地分辨出 ST 公司和非 ST 公司信用风险的差异；不同行业上市公司的信用状况之间存在差异，由好到差的顺序是能源、电子、房地产业、制造业和农业类上市公司；上市公司信用质量的变化趋势与宏观经济走势表现出一致性。在 KMV 模型中，利用 GARCH（1，1）建模估计股权价值波动率，可以提高 KMV 模型的估计精度；KMV 方法可以运用到银行信用风险度量的实际操作之中，具有很强的适用性。

KMV 模型基于公司市场数据进行违约率度量，商业银行可以用该模型对其上市公司贷款的违约率进行度量。

5. 基于 creditrisk+ 模型的信贷组合信用风险度量研究

在分析国外 creditrisk+ 模型频带划分缺陷的基础上，本书改用加权平均的频带划分方法，提出使用基于 KMV 模型的行业违约率实证结果和公司评级结果相结合确定违约率参数的办法，并采用大连市商业银行某支行的 224 笔中小企业贷款组合数据，运用 creditrisk+ 模型对该贷款组合的非预期损失进行了实证计算。

由此得出结论：creditrisk$^+$模型可以有效地计量信贷组合的非预期损失并且可提高我国商业银行的经济资本管理效率；在 creditrisk$^+$模型中采用加权平均的频带划分方法，能够使所划分的频带个数适当，频带内的贷款笔数均匀，从而减少计算量。采用依据公司信用等级与行业违约概率两项指标确定违约率参数，具有很强的科学性，可以对公司分类更加细化，可以增加使用 creditrisk$^+$模型计量信贷组合预期损失与非预期损失的准确性。

6. 商业银行信用风险管理研究

本书概括了商业银行信用风险度量结果在单一客户、信贷组合和全行战略三个层面上进行信用风险管理的应用领域以及主要收益；阐述了如何利用上述度量结果，进行商业银行信用风险的定价管理、信用风险的组合优化管理、信用风险的资本管理和信用风险的分散与转移管理；分析了如何才能更好地把度量结果运用到银行风险管理流程的各个环节。

作　者
2014 年 6 月

目　录

第1章 绪 论

1.1 问题的提出

第一，金融危机重创国际银行业，暴露出银行在信用风险管理方面存在严重问题。

2007 年由美国次贷危机引发的金融海啸一夜之间彻底颠覆了美国的金融格局，世界金融舞台上曾经叱咤风云的五大投行转瞬间不复存在。欧美等发达国家的银行业纷纷遭受重创，资产质量状况不断恶化，贷款损失不断上升，资本充足率受到侵蚀，信用风险显著提高。2008年年底，这场金融风暴逐渐席卷全球，开始对实体经济产生影响。欧盟各国深受其害，希腊、冰岛、爱尔兰、葡萄牙、西班牙等国的国家经济已濒临破产的边缘，新兴市场国家的股市也经历了前所未有的全面暴跌，世界经济遭受了巨大的损失与打击。

金融是现代经济的核心，银行是现代金融的枢纽，血淋淋的例子告诉我们银行信用风险不仅影响银行的发展，而且影响宏观经济的健康运行，严重时甚至会引发经济危机与社会危机。银行的脆弱性以及其自身的危机是经济全球化背景下的一个大问题。

虽然经济危机正逐渐离我们远去，但是风险管理的问题再次引起了政府、机构和公众的重视。加强银行信用风险管理、避免银行危机及由此引发的金融危机逐渐成为各国监管机构的头等大事。

对金融危机，可以从不同层面解读，但究其根源是信用风险管理的失控。

2004—2006 年美国的企业与个人贷款需求低迷，华尔街的资金管理者开始迫切需要开拓新的借贷者，特别是一些愿意支付高于货币市场利率的借贷者，于是他们开始挖掘大批次级借贷者资源的潜力。华尔街的银行家们认为次级借贷者支付的高利率将会弥补可能产生的风险，他们向市场注入了大约 10 000 亿美元的资金。

这些资金的突然涌入彻底改变了原有次贷市场的结构，众多放贷者采取了重量不重质的态度，放贷标准和信用评级被不负责任地全面放宽。随后，这些贷款又进一步被分割并证券化，和其他金融产品一起打包转卖给了其他投资者。

2006 年春，美国房价达到顶点并开始回落，泡沫破灭，房屋贷款违约率快速攀升，大量贷款发生拖欠，由此导致与次贷相关的金融产品的价格开始暴跌，进而对全球金融市场造成了巨大冲击。导致局势更恶劣的是，由于这些证券结构复杂，绝大多数投资者无法确切了解他们的风险程度，只能依靠评级机构作判断。当评价机构下调了这些证券的等级时，整个市场开始崩溃，数以千计的银行因此受到了惨重的创伤。

信用风险管理的失控，有的是因为信用风险失察的原因，即忽略了信用背后潜在的违约的可能性；有的是因为将高风险看成了低风险，低估了信用风险；也有的是因为现有措施不能有效地分散、化解和控制信用风险。此次危机暴露出银行在信用风险管理的这三个方面都存在严重问题。

第二，我国银行业信用风险集聚，加强银行风险管理，已成为未来几年银行家们关注的重点。

在此次危机中，我国银行经受住了考验，表现得令世人刮目相看。但是由于次贷危机对全球金融产业产生的巨大冲击，我国银行业的经营也受到了巨大影响。为应对危机，2008 年 11 月国家开始实施宽松的货币政策，加大并加快了信贷投资的速度和力度。反周期的经济政策收到了预期的效果，但是在信贷快速增长的条件下，银行难免出现包括贷款调查不深入、不全面，审查不严格，贷后检查不到位等种种管理弱化现象，信贷投放的不审慎行为所造成的风险隐患仍然存在。大量贷款进入产能过剩行业、"两高一资"行业、政府融资平台项目，银行业信贷资产行业集中度不同程度提高，行业集中度风险正在集聚。房价一直居高不下，房地产行业的波动也增大了银行的信用风险，如果控制不当，严重时有可能引发银行的系统性风险。

银行家调查报告显示：如何依靠先进的风险管理理念和技术，建立完善的风险管理机制和成熟的危机管理体系，加强银行风险管理，尤其是准确识别和度量、有效地控制并化解银行的信用风险，保证宏观经济持续健康稳定发展，已成为未来几年我国银行家们关注的重点。

第三，《巴塞尔资本协议Ⅲ》对银行业的资本和流动性提出了新的监管标准，适应新协议要求，提高银行信用风险管理水平迫在眉睫。

2006年年底我国金融业实现了全面的对外开放，随着外资银行和其他金融机构的大量进入及各种金融衍生工具和创新产品的相继引入，中国的商业银行不仅需要在国内日益复杂的信用风险环境中求得生存，还要面对来自外资银行竞争的巨大压力。

虽然中国银行业经过近几十年的改革，公司治理、资产质量、风险意识和风险管理水平都得到了显著提升，经营模式也在逐步改进，财务实力和盈利水平等方面也大幅增强，但与某些国际性大银行相比还存在一定的差距。我国银行机构如何借鉴发达国家成熟的风险管理经验，努力提对信用风险和其他风险的防范和管理水平，在市场竞争中保住市场地位并不断做大做强，是未来需要长期面对的重要任务。

要参与国际竞争，就需要与国际接轨，按国际惯例行事。对银行业来说，按国际惯例行事就意味着要遵守巴塞尔资本协议的规定，按照国际统一的银行业监管标准建设我国的银行业。

巴塞尔资本协议是西方十国中央银行行长在国际清算银行总部瑞士巴塞尔成立的巴塞尔银行监督委员会就有关银行国际监管事宜制定的一系列协议，对于防范并化解银行风险、加强各国银行监管当局之间的国际协调与合作、维护国际银行体系的稳定发展发挥了积极作用。巴塞尔资本协议已经成为国际银行业风险管理的风向标。

为统一国际银行业的监管标准，强化国际银行系统的稳定性和安全性，1988 年该委员会出台了《巴塞尔资本协议 I》，建立了根据风险加权资产计算银行资本充足率的最基本行为监管框架，使银行的监管资本与银行面临的风险紧密地联系在一起，并提出了 8% 的最低资本充足率的要求。该协议将过去以总资产大小为实力象征的监管理念转变为以资本充足率为核心的监管理念，是银行监管理念的一次重大转折。其所体现的风险和资本概念已经成为银行从事风险测量、管理以及资本管理的基本参照。

然而，随着银行风险管理水平的不断发展变化，对于某些银行而言，8% 的资本充足率远远超出了其资产和业务风险的实际需要，而对另一些银行而言，却不能覆盖其潜在的风险损失。这种一视同仁的监管标准越来越不利于经济资本的合理配置，一些具有较强风险管理能力的银行开始努力开发能够更为精确地度量信用风险的各种模型。

2004 年 6 月，巴塞尔银行监管委员会出台了《巴塞尔资本协议 II》，该协议规定在计算银行资本充足比率时，允许并鼓励一些国际性大银行使用内部评级法计算风险资产，其中内部评级法包括初级和高级两种。Crouhy（2001）等人的研究表明，银行根据"内部评级法"计算所需的经济资本（economic capital）会远远低于根据原来的"外部标准法"计算所需的经济资本。[①]

《巴塞尔资本协议 II》一出炉，立即得到了全球银行业的积极响应。中国香港特别行政区已经于 2007 年 1 月 1 日起实施该协议，欧盟各国、韩国、新加坡、澳大利亚等国也于 2008 年 1 月 1 日开始实施。美国主要大型银行于 2009 年开始实施内部评级高级法；全球近一百个国家和地区计划于 2010 年开始实施该资本协议，而且越来越多的国家也将实施以该协议为基础的监管制度。在资本结构中，由于自有资本的成本居于各种资金成本来源的首位，因此使用内部评级高级法的银行的

---

① Crouhy M. A Comparative Analysis of Current Credit Risk Models［J］. Journal of Banking & Finance，Vo. 24（1）：59-117.

竞争优势将不言而喻。

2007 年 2 月，中国银监会发布了《实施新资本协议指导意见》，明确了实施《巴塞尔资本协议 Ⅱ》的时间表。要求我国国有大型银行于 2010 年前、股份制银行于 2013 年前采用内部评级法计量信贷组合信用风险的经济资本，国际业务占比高的大型商业银行从 2010 年年底开始实行该资本协议。

从国内目前的研究现状以及公开披露的材料看，我国商业银行信用评级体系刚刚能够满足内部评级基本法的要求，与内部评级高级法要求还相差很远。因此，我国银行业要想在国际竞争中立于不败之地，应结合我国实际，开发并应用高级内部模型，建立适合我国经济和金融环境的信用风险管理体系迫在眉睫，这不仅可以寻找到降低风险资本要求的途径，还可以对银行面临的风险进行科学的度量与管理以期达到合理配置稀缺资本的目的。

我国尚在加快实施《巴塞尔资本协议 Ⅱ》步伐的同时，2010 年 9 月 12 日，国际金融稳定理事会和巴塞尔银行监管委员会在总结了次贷危机引发的全球经济危机教训后，推出了更为严格的金融监管改革标准《巴塞尔资本协议 Ⅲ》。

《巴塞尔资本协议 Ⅲ》对银行的资本构成、资产质量、资本充足率水平和流动性水平方面都大幅提高了监管要求，其中对监管资本的数量和质量的重视达到了前所未有的程度。该举措意味着全球银行业的核心监管价值观将彻底改变：对安全性的重视远远超出了盈利性，资本和流动性将成为今后监管的重点。

中国已经成为巴塞尔银行监管委员会成员，至 2017 年年底中国银行业将部分实行《巴塞尔资本协议 Ⅲ》的标准，截至 2019 年将实行《巴塞尔资本协议 Ⅲ》全部的监管要求。该协议的推出给我国银行业风险管理敲响了警钟，也对我国银行业风险管理水平提出了更高的要求。国内商业银行必须在适应实施《巴塞尔资本协议 Ⅱ》的同时，深入研究与《巴塞尔资本协议 Ⅲ》相关的政策文件，根据《巴塞尔资本协议 Ⅲ》提出的新的监管政策的变化趋势，制定并实施长远的发展战略，引导国内银行的改革与建设，使我国银行业能够领跑世界。

信用风险一直是我国商业银行面临的主要风险，在目前国内外复杂的经济环境下，加强我国商业银行信用风险管理对维护我国经济持续健康稳定发展更显重要、必要和紧迫。因此，吸取国外银行在金融危机中的经验教训，结合我国实际国情，对我国商业银行信用风险度量技术和管理方法进行研究，为提高我国商业银行信用风险度量和管理水平提出前瞻性建议，不仅具有十分重要的理论价值，而且还具有很强的现实意义。

本书正是以《巴塞尔资本协议Ⅲ》为导向，结合我国商业银行信用风险和信用风险管理的现状，借鉴国外银行先进的信用风险管理经验，从商业银行如何进行信用风险的度量和管理两个方面展开深入研究。希望可以找到系统化、程序化、实用化的现代商业银行信用风险度量方法，为促进我国商业银行信用风险度量技术的发展及信用风险管理水平的提高，推动我国银行业早日达到《巴塞尔资本协议Ⅲ》的监管标准，跻身国际一流银行的行列做一点力所能及的准备工作。

1.2 文献综述

1.2.1 国外研究文献综述

1）国外理论研究

西方国家银行业的发展历史很长，但对信用风险进行理论分析的时间并不长。虽然金融行业投入很大努力来研究、管理信用风险，但直到20世纪90年代仍未取得实质性进展，对信用风险的度量一直是艺术的成分大于科学性（Crouhy et al.，2001）。

早期的信用风险度量理论主要基于多元统计分析方法，以信用评级机构的信用等级划分为代表。

Altman（1968）是早期对信用风险进行定量研究的代表学者，他率先将多变量分析用于公司信用预测并提出了著名的 Z 评分模型。在 Altmam 理论模型的基础上，基于多元统计分析对信用等级进行分类研究的理论逐渐发展。Zeta 将 Altman 模型增加了两个变量并作了修正，提出了 Zeta 模型；Pogue & Soldofsky（1969）、West（1970）等建立了多元回归模型对公开信用等级进行预测；Pinches & Mingo（1973）提出了先将众多的观察变量利用因素分析法，缩减成几个相互独立的重要因素，再建立回归模型预测证券的信用等级的因素分析法；Ohlson（1980）提出了利用假设条件较为宽松的 Logit 回归分析建立信用风险预测模型，并证实了该模型具有很好的预测力。随后学者们又加入了现金流量、宏观经济变量、产业变量等信息建立因素模型对信用风险进行分类预测。

Stiglitz 和 Weiss（1981）发展形成的"不完全信息市场信贷配给模型"论证了银行信用风险产生的根源在于银行和企业之间存在信息不对称所产生的逆向选择（低风险借贷者的退出）和道德风险（获得贷款的企业将资金投向了高风险项目）。该模型指出要想减少或消除银行信用风险，需要进行信用风险分析。自此，信用风险定量研究开创了新思路。

20 世纪 90 年代，一系列新的度量模型不断涌现，主要有 J. P 摩根的 Credit Metrics 模型、KMV（Kealshofer、McQuown、Vasicek）公司的 KMV 模型、瑞士信贷银行的组合信用风险度量的 creditrisk$^+$ 模型以及麦肯锡的 CreditPortfolioView 模型（简称 CPV 模型）。学者们以这四个模型为基础，进行了深入的拓展研究。

KMV（Kealshofer、McQuown 和 Vasicek）模型是 1993 年美国 KMV 公司基于 MM 理论、Black-Scholes（1973）-Merton（1974）以及 Hull 和 White（1995）的期权定价理论，进行开发并公布的。该类模型假定公司总资产服从某个连续变化的随机过程，当价格变化到某个设定的触发点时即引发信用风险。该类模型又被称作结构模型。结构模型通过公司的资产价值、资本结构变化和违约点决定公司的违约概率，提供了信用风险度量的一个基本框架，为信用风险管理的发展奠定了理论基础。

结构模型是以 Merton 模型为基础，并适当放松 Merton 模型的一些假定而获得的。Black 和 Cox（1976）引入了更加复杂的资本结构，Geske（1977）加入到期前的多期利率支付，Vasicek（1984）对长短期债务在违约时的作用加以区分，Kim（1993），Hull 和 White（1995），

Longstaff 和 Schwartz（1995）等去掉了只能在到期时才发生违约的假定并引入了利率变动与违约事件的关系，Briys 和 Varenne（1997）把违约触发点也作为随机过程构建模型，考虑到股票的收益既有随机波动也有跳跃的特征，Zhou（2001）假定公司资产价值服从一个带跳的混合扩散过程，Eraker（2004）等也指出，波动中的跳因素十分重要，因为跳因素增加了资产的波动幅度。Barbedo & Lemgruber（2009）指出，跳因素在违约分析中非常重要，加入跳跃风险更能反映经济结构突变对资产价值的影响。

creditrisk$^+$模型是由瑞士信贷第一波士顿银行于 1997 年推出的信贷组合信用风险度量模型。该模型因自身所需数据量少以及能够给出损失分布显式解等优点，受到业界和理论界的广泛关注。

Crouhy 等（2000）对 creditrisk$^+$模型的原理进行了详细的阐述，并将其与另外 3 个模型进行了全面的比较分析。Gordy（2000）通过对 creditrisk$^+$与 Credit Metrics 模型的比较发现，两者虽然从表面上看起来并不相同，但两个模型的数学框架十分相似，并且在数学推理上存在相互转换的可能性。还有许多学者对 creditrisk$^+$模型从多个方面进行了拓展研究。在原 creditrisk$^+$模型中，行业风险因子被假定为相互独立。Burgisser 等（1999）提出了考虑行业风险因子相关性的单因子模型，Giese 通过进行数值实验发现，单因子模型全部贷款只受一个风险因子的影响，并且该风险因子服从均值为 1 的 Gamma 分布的假设会导致该模型计量贷款组合的非预期损失可能会产生较大的误差。Giese（2003）提出了复合 Gamma creditrisk$^+$模型，该模型假设任意两个行业风险因子的协方差相等。由于复合 Gamma creditrisk$^+$模型的假设与实际情况仍相差较大，Iyer 等（2005）提出了将行业风险因子表示为系统风险因子线性组合的两阶段 creditrisk$^+$模型。然而，该拓展模型忽视了行业风险因子的自身特性，仍然存在一定的不足。该拓展模型尚处在进一步的研究中。

在原 creditrisk$^+$模型中，违约损失率假定为一常数。在现实生活中，由于在贷款期限内，债务人的违约损失率可能会发生变化。因此，Burgisser 等（2001）提出了考虑违约损失率波动的基于 creditrisk$^+$模型的拓展模型。

上述现代信用风险度量模型的出现标志着信用风险度量技术进入了崭新的阶段，相应地对银行信用风险管理也提出了新的要求。

安东尼·桑德斯（1999）所著的《信用风险度量：风险估值的新方法和其他范式》一书，对上述各种信用风险度量模型的技术性细节进行了详尽解析。约翰·考埃特等（2000）著的《演进着的信用风险管理》对现代信用风险度量模型进行了全景式介绍，同时分析了银行信用风险度量的历史演进进程及未来的发展方向。这两部著作奠定了现代银行信用风险度量和管理理论的基础。

2）国外实证研究

（1）国外违约率度量实证研究。违约率度量是指银行基于债务人的公开数据和相关知识，进行定性分析、定量计算，测量借款人的违约概率。运用公司数据对违约率度量建模的研究大致分为两类：一类是基于财务数据，构建线性判别模型、Logistic 回归模型和神经网络方法进行研究；一类是基于资本市场数据，运用 KMV 模型进行研究。

使用财务分析法对违约率进行度量，从最简单的单个财务变量，到多个财务变量组成的多变量模型，再到将其他类型变量也采纳进来（如总体经济变量、产业变量等）；从最直接的多元回归模型到线性判别模型、线性概率模型、累积概率模型等，再到突破传统统计方法的类神经网络，成果丰富而斐然。在基于财务数据度量违约率的基础上，KMV 公司开发了 KMV 模型，结合资本市场数据度量违约率。自此，基于 KMV 模型的实证研究成果也逐渐丰硕。

Beaver（1966）在 1954—1964 年间的危机公司中进行随机抽样，获得 79 家危机公司作为样本，利用行业和规模选择配对样本公司，运用单变量分析方法检测 14 个财务变量在两组公司前 5 年的信用差异，开创了该领域研究的先河。研究结果显示：现金流量/负债总额指标是预测经营失败的最佳指标，其次是负债占总资产的比重，以及资产报酬率。

Altman（1968）率先将多变量分析引入信用评级研究。他从最初的 22 项财务变量中，利用逐步多元区别分析最终选出 5 个最具预测能力的财务变量，依次为：（流动资产－流动负债）/资产总额，留存收益/资产总额，息前税前利润/资产总额，权益市值/负债总额，销售收入/资产总额。每一变量赋予一个权重，构成线性模型，定名 Z 值模型。该模型对破产一年的正确区别率达 95%，前两年的正确区别率为 72%。

Zeta（1977）研究了 1962—1975 年间 111 家公司的样本（其中 53家属破产公司），将 Altman 的 Z 值模型加入风险观念和规模效果两项变量，稍加修改后建立了 Zeta 模型。Zeta 模型包括 7 项变量：资产收益率（息税前收益与总资产之比），收入的稳定性（取值为资产收益率在 5 ~ 10 年的估值的标准差），债务偿还又叫利息保障率（息税前收益与总利息偿付之比），积累盈利，留存收益（资产减负债/总资产），流动比率，资本化率（普通股权益/总资产），公司规模（公司总资产取对数）。

Zeta 模型分类正确率在破产前 1 年高达 93%，前 4 年可达 80%，前 5 年可达 70%。但 Altman 指出，随着环境的改变，财务危机预测模型亦须相应进行调整，不存在任何时点、任何情境都适用的信用评级模型。

Martin（1977）最早使用 Logistic 模型预测公司的破产及违约概率。他在 1970—1977 年间大约 5 700 家美联储成员银行中划分出 58 家困境银行，并在 25 个财务指标中选取了 8 个财务指标建立了 Logistic 回归模型，用来预测公司的违约概率。他还将 Z-Score 模型、Zeta 模型和 Logistic 回归模型的预测能力进行了比较，结果发现 Logistic 回归模型优于 Z- Score 模型和 Zeta 模型。

Madalla（1983）采用 Logistic 回归模型区分违约与非违约贷款申请人。其研究结果表明：当违约概率 $P > 0.551$ 时，属于风险贷款；当 $P < 0.551$ 时，属于非风险贷款。

KMV 公司（1993）以期权定价理论为基础，基于股票市场信息，给出了公开上市公司违约率估计的 KMV 方法，在国外得到了广泛的认可和使用。后来，该公司还对公开上市公司违约率估计的 KMV 模型进行了改进，可用于非上市公司的违约率度量。

David West（2000）建立了 5 种神经网络模型：多层感知器、专家杂合系统、径向基函数网络、学习向量化子和模糊自适应共振，以及 5 种统计分类模型：线性判别分析法、Logistic 回归模型、K 最邻近法、核密度分类方法、分类树法，分别对德国和澳大利亚两组财务数据进行两模式分类研究。其研究结果表明：Logistic 模型在这 10 种模型中的判别准确率都最高，分别为 76.3% 和 87.25%。

McQuown（1993）指出，财务报告反映的是公司的历史情况，市场价格反映的是公司的发展未来趋势。最准确的信用风险度量方法应该同时采用这两种数据资源。

Peter Crodbie 和 Jeff Bohn（2003）应用 KMV 模型专门对金融类公司取样进行实证研究，结果发现 EDF 值在这类公司发生信用事件或破产前能够准确、快速地检测到信用状况的变化。

《巴塞尔资本协议Ⅱ》（2004）提倡使用内部评级法管理信用风险，并推荐使用 KMV 模型进行违约率参数度量。

（2）国外信贷组合信用风险度量实证研究。Burgisser（1999）提出并使用单因子 creditrisk$^+$ 模型对信贷组合信用风险进行了实证研究。首先按行业将全部贷款划分为不同的组合，计算各组贷款组合违约损失均值和方差；然后假设全部贷款组合仅受一个服从均值为 1 的 Gamma 分布的风险因子影响，采用加权平均的方法，在各行业风险因子协方差矩阵已知的条件下，求出全部贷款组合风险因子的方差；最后计算整个信贷组合的违约损失分布。

Crouhy（2000）构建了由 500 个债务人组成的贷款组合，利用 creditrisk$^+$ 模型对贷款组合风险进行实证计算。

Gordy（2000）构建了由 1 000、5 000、10 000 三种数量的债务人组成的贷款组合，分别利用 creditrisk$^+$ 和 Credit Metrics 模型对贷款组合信用风险进行了实证研究。其研究结果发现这两类模型实际上具有相同的数学结构，因此其实证结果具有可比性。

Giese（2003）提出并利用复合 creditrisk$^+$ 模型计算了贷款组合的违约损失分布。

Iyer（2005）提出并利用两阶段 creditrisk$^+$ 模型，将各行业的风险因子表示成系统风险因子的线性组合，计算贷款组合的损失分布。其研究结果发现：两阶段 creditrisk⁺ 模型忽视了行业风险因子的特性，夸大了系统风险因子的影响，从而使计算结果产生较大误差。

1.2.2 国内研究文献综述

1）国内理论研究

在国外理论研究的基础上，国内信用风险度量理论研究也逐渐发展起来。

在 KMV 模型理论研究方面，王琼等（2002）从期权定价理论的角度研究了信用风险定价问题，并对 Merton 与 KMV 模型进行了评述。杜本峰（2002）介绍了 KMV 信用评价模型，阐述了运用实值期权理论去评估信用风险的原理。薛锋、关伟、乔卓（2003）介绍了基于股票价格的信用风险评价模型，并讨论了采用 KMV 模型分析我国上市公司信用风险的优缺点与运用前景。鲁炜、赵恒珩和刘冀云（2003）提出采用固定增长 FCFF（自由现金流量）法计算公司价值，利用 GARCH 模型计算股权价值波动率，并利用一个两参数的 Weibull 描述资产价值波动率和股权价值波动率的关系函数。朱小宗、管七海、都红雯等（2004）分别对多种信用风险模型进行了比较分析，并指出了它们的特性和优缺点。唐春阳、吴恒煜等（2005）对违约风险文献进行了详细的综述研究。于立勇等（2005）从信息集的角度综述了信用风险管理的基本理论和方法，并指出了信用风险模型发展的前沿方向。侯光明等（2005）介绍了单一资产的信用风险结构模型，比较分析了企业价值方法模型与首越时间方法模型的优缺点，总结了在企业价值方法参数计算中需要注意的问题。唐春阳、章政等（2006）分别分析了 KMV 模型在我国的运用前景，并指出对股权波动率这一参数的度量是 KMV 模型需要研究的重点。在这方面，石晓军提出对于金融市场波动率的估计方法可以采用 ARCH 类模型，ARCH 类模型拥有比其他传统方法有更多的优点。唐齐鸣、黄苒（2010）提出在 KMV 模型中应引入跳跃，运用市场数据分析带跳的资产价值变化。

在 creditrisk⁺ 模型理论研究方面，国内的彭书杰等（2002）将 creditrisk⁺ 模型与我国商业银行使用的贷款风险度方法进行了比较研究。

梁世栋等（2002）分析了现代信用风险度量模型迅速发展的 7 个主要原因，并对 creditrisk[+] 模型的优缺点进行了分析。曹道胜等（2006）则从 creditrisk[+] 模型建立的理论基础、模型类别、回收率、现金流折现因子 4 个维度进行了分析，并阐述了该模型在我国商业银行应用的适用性。迟国泰、刘冬等（2006）在对贷款组合的风险暴露进行分段的基础上，用 Γ 分布替代传统的正态分布，在每一频段上分别确定风险暴露分布，并用负二项分布代替传统的泊松分布拟合违约频率的分布，建立经济资本计量的 creditrisk[+] 模型。彭建刚等（2009）对 creditrisk[+] 模型在我国商业银行应用的方法论进行了探讨，并在前人已有研究的基础上，提出了基于行业特性的多元系统风险因子 creditrisk[+] 模型。彭建刚等对原 creditrisk[+] 模型在违约损失率可变时的情形也进行了理论模型的探讨。

随着我国银行业的快速发展，近年来国内对信用风险管理理论的研究也迅速发展。薛峰（1995）从银行的产权和体制的角度对银行信用风险管理进行了分析，属于定性研究。李志辉（2001）主要介绍了国外现代的信用风险度量模型。章彰（2002）结合巴塞尔资本协议，对信用风险管理的制度和技术路线进行了阐述。巴曙松（2002）、罗平（2004）等对巴塞尔资本协议的技术细节、实施条件以及实施协议对银行业的冲击与影响等问题进行了深入探讨。赵先信（2004）总结了巴塞尔资本协议的内部评级法，详细阐述了商业银行包括信用风险在内的监管模型和内部模型，并介绍了如何把风险计量结果应用到风险定价、限额设定、资本配置和绩效评估。梁琪（2004）提出了度量企业违约风险的主成分判别模型和主成分 Logistic 模型及度量贷款组合信用风险的组合法。武剑（2005）对巴塞尔资本协议内部评级法中涉及的违约率、违约损失率、非预期损失等违约风险度量要素做了大量理论研究和技术性探讨。李志辉（2007）从以资本充足率管制为核心的外部监管和以全面风险管理为核心的内部控制两个方面系统地研究了商业银行风险控制理论与程序。夏红芳（2007）利用信用风险度量的 KMV 模型对农业类公司的信用风险进行了详细的度量研究。石晓军（2007）对信用风险管理的相关技术进行了深入的讨论。彭建刚（2008、2009）对贷款组合的 creditrisk⁺ 模型进行了一系列的改进研究。巴曙松、章彰、张春子等（2010）在介绍《巴塞尔资本协议Ⅲ》关于银行资本和流动性监管框架改革的标准基础上，分析了我国银行现阶段资本充足率的现状及实施《巴塞尔资本协议Ⅲ》对我国银行业未来的影响，指出为准备实施新协议，一方面要加强对银行的监管，另一方面要鼓励银行去开发、使用内部信用风险评级模型，并通过完善内部模型治理机制，使模型能够真正成为银行进行风险预测、风险决策、实施经济资本管理的工具。

2）国内实证研究

银行信用风险度量的实证研究包括运用各种信用风险度量模型对信用风险度量要素的测定。下面主要对基于财务数据的 Logistic 违约率度量、基于市场数据的 KMV 违约率度量和基于 creditrisk⁺ 模型信贷组合信用风险度量的国内实证研究成果进行综述。

（1）国内基于财务数据的违约率度量的实证研究。王春峰、万海辉和张维（1998）将判别分析法和 Logistic 模型应用于商业银行信用风险评估中，并对两种模型进行了比较分析。认为判别分析法有效，虽然判别分析法在训练样本中误判率高，但在检验样本中准确率高于 Logistic 模型。

陈静（1999）运用单变量分析和多元判别分析方法，选取资产负债、净资产收益率、总资产收益率、流动比率、总资产净资产流动比率和总资产周转率 6 个指标对 28 家 ST 公司和 28 家非 ST 公司进行了财务危机预测。

陈晓、陈治鸿（2001）以我国的 37 家 ST 和 37 家非 ST 上市公司组成样本，选择差异显著的 14 个财务指标，建立 Logistic 回归模型进行信用预测研究。

吴世农、卢贤义（2001）采用我国 1998—2000 年 A 股市场全部的 ST 公司 70 家（已排除非正常的 ST 公司），同时选取 70 家非 ST 公司组成配对样本，使用了单变量模型、线性概率模型、Fisher 二点线性判别模型、Logistic 模型 4 种统计方法对公司被 ST 前 5 年的信用状况进行分析。其研究结果表明 Logistic 模型对前一年数据的预测准确率达到

93.53%，Fisher 判别分析法和 LPM 的准确率都为 89.93%。

梁琪（2003）运用主成分分析方法提出了预测我国上市公司信用分类的主成分判别模型，并用此模型对沪深两市 142 家上市公司进行了经营失败的预测。

方洪全、曾勇（2004）建立了 4 个风险等级的线性判别模型和 Logistic 回归模型，根据对训练样本和检验样本的分类效果比较，发现两种模型均具有较强的预测能力。

庞素琳（2006）对中国 2000 年的 106 家上市公司进行两类模式分类，采用了 4 个主要财务指标：每股收益、每股净资产、净资产收益率和每股现金流量建立 Logistic 回归信用评价模型。其研究结果表明：对总体 106 个样本，判别准确率达到 99.06%。

石晓军（2007）针对一般的 Logistic 回归模型中存在的很难通过 Hosmer-Lememshow 拟合优度检验的 Cramer 问题，对 Logistic 模型中的最优样本配比和分界点进行了详细的研究，提出了边界 Logistic 回归方法。其研究结果表明 1∶3 的样本配比与 0.647 的临界点比较适合我国的情况。

于立勇（2008）等利用国有商业银行的实际数据，通过构建 Logistic 回归模型测算违约概率。其实证结果表明：Logistic 回归模型可以作为较理想的违约概率预测工具。

彭建刚（2009）通过对数据指标进行时间加权与因子分析的预处理，把二分类 Logistic 模型扩展到多分类 Logistic 模型，使得初始违约概率的测算更加合理，更加符合实际情况。

（2）国内基于市场数据的 KMV 模型违约率度量实证研究。国内基于 KMV 模型违约率度量的代表性文献分为两类：一类是未修正的 KMV 模型的违约率度量研究，一类是修正的 KMV 模型的违约率度量研究。

①运用未修正 KMV 模型的违约率度量实证研究。程鹏、吴冲锋（2002）运用 KMV 模型计算了我国 A 股市场的 15 家上市公司的违约距离，通过比较发现信用状况由好到差的顺序是：绩优股、高科技股、ST 股。

易丹辉（2004）从沪、深两市工业、商业、公用事业 3 个行业板

块中各随机抽取 10 家共计 30 家公司组成样本，计算 1998—2001 年 30
家公司的违约距离，分行业进行比较研究。其研究结果发现：样本总体
平均违约率普遍偏低，公用事业类公司的信用风险状况最好。同时指出
如果采用理论违约率，违约点的选取还有待改进。

杨星、张义强（2004）应用 KMV 模型研究发现上市公司的股价波
动率与违约概率负相关，与公司资产价值波动率吻合。

马若微（2006）通过实证证明了运用 KMV 模型对中国上市公司财
务进行预警是完全可行的，而且比 Logistic 和 Fisher 等基于历史财务数
据构建的预测模型，具有明显的优势。

夏红芳、马俊海（2008）计算了我国 4 家农业类上市公司连续 5
年的违约距离。其研究结果表明 KMV 模型的灵敏度和预测能力都比
较好。

②运用修正的 KMV 模型的违约率度量实证研究。目前国内众多的
对"KMV 模型的修正"实证研究，主要集中在关键参数的不同选择
上，如股权价值的不同确定办法以及违约点的不同选择等。各种方法都
有可取之处，目前还没有足够有说服力的实证说明孰优孰劣。

鲁炜、刘冀云（2003）用加权方法折算非流通股的股权价值，运
用 KMV 模型对中国上市公司的信用风险进行评估，结果发现：企业资
产价值波动率与股权价值波动率之间的关系受所处的市场环境影响。

石晓军等（2004）利用我国涵盖几乎所有行业的 72 家上市公司组
成样本。在假设资产价值服从对数正态分布运用下，采用 KMV 模型计
算了 72 家公司的违约概率，并且对股权价值的设定方法进行了改进，
利用 ARCH 类模型估计股权价值的波动率。其研究结果发现：违约概
率非常密集地分布在 10% 以下，分布在 10% 以上的公司占样本的极少
数。这个结论提示投资者：如果上市公司的违约概率大于 10%，它将
具有极大的信用风险，在借款时一定要审慎。

研究同时还发现：资产负债比与信用风险存在正向关系，资产波动
率与信用风险也存在正向关系，并对该模型揭示的这种债权结构、资产
波动与信用风险的关系进行了检验，最后还分析了该模型在我国的适
用性。

张泽京、陈晓红（2007）通过提高股权价值波动率的估计精度，对我国中小上市公司的信用状况进行分析。其研究结果表明修正后的 KMV 模型有很强的信用风险识别能力。

蒋正权、张能福（2008）建立了基于 GARCH（1，1）模型，用于确定股权价值波动率，对单样本美的集团公司进行信用风险度量研究，并与使用历史法确定股权价值波动率的 KMV 模型的计算结果进行了比较。其研究结果发现：运用 GARCH（1，1）模型计算的结果与实际状况更加接近，计算的结果大致符合目前美的集团的财务状况。

王建稳、梁彦军（2008）将我国上市公司按总资产规模 50 亿元为标准分为两组，运用 KMV 模型计算 1999—2006 年的平均违约距离并进行了独立样本 T 检验。检验结果表明：在显著性水平为 5% 的条件下，除 2001 年和 2002 年的统计结果不显著外，其他年份统计结果都显著，即从整体上来看，规模大的与规模小的上市公司的平均违约距离具有显著性差异。

闫海峰、华雯君（2009）以总资产的平均增长率代替资产价值预期增长率，建立了修正后的 KMV 模型，计算了 19 家 ST 公司及其配对公司 2003—2005 年的违约距离，并利用曼-惠特尼 U 检验、KS 检验及极端反应检验对计算结果进行了统计检验。其研究结果显示：对预期增长率 μ 的重新设定，能够增强 KMV 模型对违约组和参照组信用风险的判别能力。

唐齐鸣、黄苒（2010）在 KMV 模型中引入跳跃，利用市场数据分析了带跳的资产价值变化。实证结果显示：与纯扩散模型相比，带跳的 KMV 模型能够刻画跳风险对整体风险的影响，估算的违约概率更接近实际违约率。

虽然对银行信用风险度量的实证研究的成果很多，但多是对违约率度量理论模型的实证检验，极少有文献讨论如何将这些银行信用风险度量技术在银行具体实践中进行操作。

（3）国内基于 creditrisk⁺ 模型信贷组合信用风险度量的实证研究。梁凌、谭德俊等（2005）对在 creditrisk⁺ 模型下商业银行经济资本的分配进行的初步实证研究发现：对于不良贷款率高的银行，要求 8% 的资本充足率是远远不够的，资本充足率的要求应该与银行的不良贷款率相对应。但其在计量贷款组合的经济资本时，没有考虑违约损失率，并假设违约率均值不变，而且依据贷款额度在频段中分布的均匀程度粗略地进行频带划分。

迟国泰、刘冬等（2006）在建立经济资本计量的 creditrisk⁺ 模型时，为解决大宗贷款违约的风险度量，用 Γ 分布替代传统的正态分布，为解决违约频率的方差通常大于其均值的分布拟合问题使用负二项分布代替传统的泊松分布拟合违约频率的分布。抽取 80 个银行贷款数据进行实证研究的结果显示：改进的模型能够更贴切地计量银行贷款组合风险。同时指出 creditrisk⁺ 模型在应用中不仅原理和计算方法简便，而且对数据的要求量少，具有广阔的发展空间。

朱小宗（2006）运用银行贷款组合数据对 4 个现代信用风险度量模型进行了实证研究，结果发现：Credit Metric 和 creditrisk⁺ 模型对度量我国商业银行贷款组合的信用风险具有较好的适用性，这两个模型所预测的经济资本更符合巴塞尔资本协议对银行贷款经济资本的要求。

彭建刚、张丽寒（2008）在建立加权平均的频带划分方法的基础上，以银行内部评级为依据确定贷款违约率参数，以银行历史违约损失率均值确定违约损失率参数，采用某国有控股商业银行一地级市分行公司的贷款数据，利用 creditrisk⁺ 模型对贷款组合非预期损失的计量进行了系统的实证研究。其研究结果发现：该方法是各商业银行总行和分支机构进行贷款组合非预期损失的实时在线计量和经济资本的限额管理有效工具。

彭建刚等（2009）克服了复合 Gamma creditrisk⁺ 模型要求行业风险因子的协方差必须相等的缺陷，提出了基于行业特性的多元系统风险因子 creditrisk⁺ 模型。设计的算例研究结果发现：如果行业风险因子的协方差不相等，复合 Gamma creditrisk⁺ 模型会低估贷款组合的非预期损失，而基于行业特性的多元系统风险因子 creditrisk⁺ 模型能够更好地模拟贷款组合违约损失分布，精确地计量贷款组合的非预期损失。

国内关于银行信用风险度量和管理的研究，早期的大都偏重于宏观角度的风险和理论模型的介绍，没有将理论思想具体化，极少从微观方面对信用风险进行实用性的技术分析和度量，缺乏实用性开发研究。

近期的研究则侧重于以模型化工具为表现形式的某个方面的深入讨论，缺乏系统性银行信用风险管理理论架构的支撑。

因此，本书希望通过构建系统化的银行信用风险度量和管理框架，对在整个度量流程中的各个环节进行详细讨论，寻找程序化、实用化的现代商业银行信用风险度量方法，希望形成一套完整可行的银行信用风险度量和管理体系，为推动我国银行业早日达到《巴塞尔资本协议Ⅲ》的监管标准，做点探索性准备工作。

1.3　主要内容及结构安排

本书以国际银行业新的监管标准《巴塞尔资本协议Ⅲ》为导向，在分析我国商业银行信用风险和信用风险管理的现状、面临的问题和存在的不足的基础之上，围绕商业银行如何加强信用风险的度量和管理两方面内容展开深入研究，最后给出在全球金融危机后，我国商业银行加强信用风险管理的几点政策性建议。

在信用风险度量部分，建立了从单笔贷款信用风险度量、信贷组合信用风险度量、银行经济资本度量到经风险调整的资本收益率（RAROC）度量的系统化度量框架，并对整个度量框架中涉及的多个参数包括单笔贷款的违约率、违约风险敞口和违约损失率，信贷组合损失相关系数及 RAROC 的度量方法进行了深入研究；基于上市公司财务数据，构建主成分 Logistic 违约率度量模型，用于银行对其仅具有财务数据的非上市公司贷款进行违约率度量；基于上市公司市场数据，建立 KMV 违约率度量模型，用于银行对其上市公司贷款违约率进行度量；采用大连市商业银行某支行 224 家中小企业贷款数据构成贷款组合，利用 creditrisk⁺ 模型对贷款组合信用风险进行度量。

在信用风险管理部分，概括了信用风险度量结果在单一客户、信贷组合和全行战略三个层面上进行信用风险管理的应用领域和主要收益，重点阐述了如何利用上述度量结果进行信用风险的定价管理、信用风险的组合优化管理、信用风险的资本管理和信用风险的分散和转移管理。

最后给出在全球金融危机后，我国商业银行加强信用风险管理的几点政策性建议。

本书共分 8 章，各章的主要内容如下：

第 1 章，绪论。本章介绍了选题的背景和意义，总结了国内外理论和实证研究成果，指出了本书的研究内容和结构安排。

第 2 章，商业银行信用风险概述。本章首先对商业银行风险及其分类、信用风险的定义及其成因进行分析；然后对我国银行业信用风险的现状进行概述，指出信用风险是我国商业银行面临的主要风险，积极有效的信用风险管理是保证银行长期健康发展的关键；最后通过剖析信用风险度量和管理的内容与流程，构建进行信用风险度量和管理研究的整体框架作为全书的主线，并对信用风险度量和管理中涉及的重要概念进行了阐述。

第 3 章，巴塞尔资本协议与我国商业银行信用风险管理现状。本章系统地阐述了系列巴塞尔资本协议在信用风险管理方面提出的不同要求，分析了实施各协议对银行业信用风险管理产生的重要影响；梳理了改革三十年，我国银行业取得的伟大成就，并在总结现阶段我国信用风险管理现状的基础上，指出我国银行业在信用风险度量管理方面存在的不足以及与巴塞尔资本协议要求的差距。

第 4 章，基于主成分 Logistic 模型的单笔贷款违约率度量研究。本章在分析单笔贷款信用风险度量方法的基础上，选取我国的 104 家上市公司组成样本，以是否被 ST 或 *ST 作为违约标准，改进了财务指标的选取方法，建立主成分 Logistic 违约率度量模型。该模型基于公司财务数据指标进行模型构建，商业银行可以用它对其仅具有财务数据的非上市公司单笔贷款的违约率进行度量。

第 5 章，基于 KMV 模型的单笔贷款违约率度量研究。本章按行业配比，选取分属 5 个行业的 16 家上市公司（ST 和非 ST 公司各 8 家）组成样本，利用 GARCH（1，1）模型估计股权价值波动率，运用 KMV 模型计算样本公司 2010—2012 年连续 3 年的违约距离，对上市公司的信用风险状况进行分行业比较研究，并考察了上市公司信用风险状况与宏观经济走势的关系。KMV 模型基于公司市场数据度量违约率，商业银行可以用该模型对其具有市场数据的上市公司贷款的违约率进行度量。

第 6 章，基于 creditrisk⁺ 模型的信贷组合信用风险度量研究。本章在分析信贷组合信用风险度量方法的基础是，选择 creditrisk⁺ 模型对贷款组合的信用风险进行度量研究。在分析国外 creditrisk⁺ 模型频带划分缺陷的基础上，改用加权平均的频带划分方法，并提出使用基于 KMV 模型的行业违约率实证结果和公司评级结果相结合的违约率参数的确定办法，最后采用大连市商业银行某支行贷款数据对 creditrisk⁺ 信贷组合模型在贷款组合非预期损失度量中的应用进行了实证计算。

第 7 章，商业银行信用风险管理研究。本章概括了信用风险度量结果在单一客户、信贷组合和全行战略三个层面上进行信用风险管理的应用领域和主要收益，重点阐述了如何利用上述度量结果进行信用风险的定价管理、信用风险的组合优化管理、信用风险的资本管理以及信用风险的分散和转移管理。

第 8 章，结论与政策建议。对本书的主要工作、研究结论和创新之处进行了总结；在此基础上，给出金融危机后我国商业银行加强信用风险管理的政策建议；最后指出了本书研究的不足之处以及后续需要研究的内容。

第 2 章 商业银行信用风险概述

2.1 商业银行风险及其分类

　　商业银行是金融部门的重要组成部分，不仅经营存贷款业务，承担着筹融资功能，而且还担负着支付清算等多项功能，银行在其整个经营过程中无时无刻不在与各种风险打交道。随着经济金融环境的日益多样化，金融创新层出不穷，银行的业务日益繁多，所面临的风险日趋复杂。

　　商业银行风险是指商业银行在整个经营过程中，受多种因素的影响导致损失发生的可能性或不确定性。当个人、公司客户或政府无法兑现支付承诺时将产生信用风险，市场因素向不利方向转变时会给银行带来市场风险，由银行内部程序、人员、系统不完善造成的直接或间接损失称为操作风险，这些风险严重时还会引发银行的流动性风险和声誉风险。

　　根据不同的标准可以将商业银行的风险分为不同的类型，目前银行业界最为常见的一种划分标准是根据巴塞尔资本协议发布的《有效银行监管的核心原则》，按照商业银行风险的表现形式，将商业银行风险分为流动性风险、信用风险、市场风险、操作风险、利率风险、国家和转移风险、法律风险和声誉风险等八个方面。

流动性风险，是指商业银行资金不足以支付需要，从而丧失清偿能力的风险。

信用风险，是指商业银行的债务人由于各种原因不能或者不愿按照事先签订的合约按时偿还债务而使银行遭受损失的风险。

市场风险，是指由于市场价格的不利变动而使银行表内和表外业务发生损失的风险。

操作风险，是指在金融机构运营中由于人员、系统及运营过程中的错误或疏忽而引发的潜在损失的风险。

利率风险，是指由于利率变动引起银行收益下降的风险。

国家和转移风险，是指由于借款国家政治、经济、社会环境的变化致使该国不能按照合同偿还债务的可能性。

法律风险，是指银行出现非合规经营而遭受损失的可能。

声誉风险，是指银行由于操作失误，或违反某些相关法律，或资产质量下降，或没能向客户提供高质量的服务等因素导致其声誉受到不良影响，从而给银行造成损失的可能性。

一般意义上人们常常将商业银行风险归结为三大风险，即信用风险、市场风险和操作风险。这也是给商业银行造成损失最大的三类风险。

上述对银行风险进行分类的目的并不是为了提炼出抽象的理论，而是要加强对风险来源、风险后果的理解，提出风险管理的可行方法。银行风险的类别并不是完全封闭、相互隔绝的，而是彼此渗透、互相影响的。例如流动性风险和声誉风险从本质上说是一种结构性风险，它不直接引发损失或导致资产价值减值，而是当信用风险、市场风险和操作风险无法及时化解时银行风险最终的表现形式。

2.2 商业银行信用风险的定义及风险成因分析

2.2.1 商业银行信用风险的定义[①]

社会的进步和历史的发展影响着人们对信用风险概念的理解。

---

① 夏红芳. 商业银行信用风险度量和管理研究 ［M］. 杭州：浙江大学出版社，2009.

信用风险是指交易对象（受信方）不能或不愿按时、足额偿还其所欠债务给授信方带来的潜在损失。授信方可能是贷款的银行，或是以信用方式销售商品或提供服务的公司。在早期的商业银行，常常将信用风险等同于信贷风险，事实上信贷风险是信用风险的重要组成部分之一。随着商业银行的演变和发展，信用风险不仅包括信贷风险，还包括存在于表内、表外业务的信用风险，如贷款承诺，证券投资、金融衍生工具的信用风险，以及商业银行自身的信用风险等。由于商业银行主营存贷款业务，信贷风险是商业银行信用风险管理的主要对象，所以狭义的信用风险是指商业银行贷款业务所面临的信用风险，即信贷风险。本文针对狭义的观点。

从狭义的角度看，商业银行信用风险是指商业银行的借款人或交易对象不能按照合同规定按时偿还贷款本息或其他债务的可能性及损失的严重程度。商业银行信用风险还包括贷款客户信用等级的降低导致其债务市场价值在未来一段时间内下降而引起损失的可能性。

2.2.2 商业银行信用风险的成因分析

商业银行信用风险的产生既是宏观经济环境综合作用的结果，也与其自身的经营管理水平密切相关。由宏观经济环境综合作用导致的信用风险等称为系统性风险。显然，系统性风险不可能通过投资分散化等方式来化解，而只能通过某些措施来进行转嫁和规避。由商业银行自身的经营管理水平包括主观决策及获取信息的不充分性等所导致的信用风险称为非系统性风险。通过积极的风险管理，银行可以降低非系统风险。一般地，商业银行信用风险的成因包括以下几方面。

1）宏观经济环境的影响

（1）国家经济政策取向。在市场经济条件下，政府通过适当的宏观经济政策对经济发展进行规划和引导，有助于克服市场经济自身存在的盲目性和滞后性，而国家经济政策的制定和实施将不可避免地引起经济活动中投资总量、投资结构、行业分布、外汇流动等方面的变化，这些变化会直接影响相关产业的经济状况和发展前景，进而影响银行经营的安全性、流动性和盈利性目标的实现。在国家经济政策中，货币政策通过对货币供应量和利率的调整，会直接影响到银行客户的行为取向，进而导致商业银行信用风险的产生。

（2）经济周期。在市场经济条件下，宏观经济运行常呈现出周期性波动的特点。在经济运行的不同阶段，商业银行所面临的风险程度也不尽相同。在经济处于复苏和繁荣阶段时，社会投资欲望强烈，商业银行的信贷规模扩大，经营利润增加，风险较小；在经济处于萧条和危急阶段时，商业银行的信贷规模缩小，经营利润减少，特别是当借款人的经营条件恶化、发生亏损甚至倒闭时，商业银行就会面临较大的信用风险。

（3）监管力度。在现代经济社会中，以银行业为主体的金融体系日益成为国民经济的神经中枢和调解机构。金融风险的涉及面广，危害性大。这就要求监管当局对金融体系实施有效的监管以控制并减少风险的产生，维持经济的持续、稳定和发展。如果金融监管体系健全、措施得力，就会将潜在的风险消灭在萌芽状态并减轻风险造成的损失；反之，则容易导致银行业的无序竞争以及其他短期行为的发生，从而加大银行的风险。

2）商业银行自身管理水平的影响

（1）商业银行经营管理的方针政策。商业银行有两种获得利润的方法：一是向客户提供服务收取一定比例的手续费；二是向客户发放贷款以获取较高的利息收入。较高的利息收入要以银行需要承担部分贷款可能无法回收的风险为代价。因此每家商业银行在自己的经营管理过程中都应确定一个信用风险策略，即应按什么期限，对什么客户，提供多少贷款。盈利性只是银行需要考虑的一个方面，另一方面应是可持续经营。如果过分强调盈利性，就会导致在资产业务中高风险的业务比重过大，使商业银行的风险增加；如果银行经营思想过于保守，业务品种少，业务发展不能形成足以分散风险的规模，也会加大商业银行的信用风险。

（2）商业银行业务结构的比例状况。商业银行的资产业务、负债业务和中间业务三者之间及各业务自身种类之间的比例是否协调，资产负债业务期限是否匹配，融资缺口是否过大，都会影响商业银行的经营风险。

（3）商业银行信用风险管理技术缺乏。信用风险管理技术是一项系统工程。目前，银行的大部分工作人员不仅缺乏风险管理知识，还缺乏风险管理技术。这种信用风险管理技术的缺乏，客观上起到了商业银行难以避免产生信用风险的作用。

（4）信息不对称也是导致信用风险发生的主要原因。信息经济学指出，由于一项交易的交易双方所拥有的与该项交易有关的信息是不对称的，所以会引发"道德风险"和"逆向选择"。如果信息不对称发生的时间在当事人签约之前，称为事前不对称，事前不对称会引发"逆向选择"；如果信息不对称发生的时间在当事人签约之后，称为事后不对称，事后不对称会引发"道德风险"。逆向选择和道德风险是导致在信贷活动中信用风险发生的两个主要因素。

在信贷合约签订之前，借款人对其自身的财务状况和贷款项目的用途与风险拥有更多的信息，如果借款人不如实申报，就有可能导致逆向选择。因为当银行无法了解借款人投资项目的真实风险程度的时候，出于自身利益的考虑，银行会通过提高利率来增加利息收入。这样，低风险项目由于借款成本高于预期水平会退出借贷市场，相反，那些愿意支付高利率的高风险项目却留在了信贷市场中，逆向选择由此产生。即使银行采取了抵押贷款这种风险防范措施，逆向选择依然存在。因为抵押物往往是低质量资产或资产净值低于抵押金额的资产，所以当借款人违约时，抵押物不足以抵偿损失，不良贷款进而形成。信息不对称导致的逆向选择的存在，最终提高了银行的总体风险水平，并使得银行的收益和风险处于不对称之中。

在信贷合约签订之后，商业银行对贷款资金的实际使用情况、贷款项目的进展等信息的了解肯定少于借款人，贷款企业有可能产生机会主义动机，隐藏资金使用的真实情况，采取不完全负责的态度。银行方面可能由于受到信贷员素质、经验和高昂的控制成本的限制遭受来自借款人道德风险引发的信用风险。

另外，银行经营者的道德风险也会引发银行信用风险。银行产权为国家所有，经营活动主要由专业的经理人来完成，这种所有权与经营权分离的产权制度一方面容易造成政府过多的行政干预导致的银行无法真正实现自主经营；另一方面这种形同虚设的所有者主体往往对经营者缺乏有效的监督、激励和约束，从而导致银行存在巨大的代理风险和"内部人控制"。当经理人与委托人的利益发生冲突时，许多银行经营人员往往追求个人或小团体福利最大化而不顾高风险会给银行造成潜在的损失。

杨军（2004）在《银行信用风险-理论、模型和实证研究》一书中对商业银行信用风险的成因按照是否为银行自身原因分为两类。研究结果发现：在非银行的原因中，占比最高的原因恰恰是政府干预，第二位是市场变化因素，第三位是政府干预导致担保或者抵押无法落实的原因，第四位是企业管理与技术问题，第五位是企业资金不足因素。在银行自身因素导致的信用风险成因中，银行治理结构缺陷和对借款人调查水平不高是最主要的两种原因，占比 90% 多，其次是贷款后管理因素和内部人控制问题。

2.3 我国商业银行信用风险现状

我国商业银行在经过了多年的改革后，在多个方面都取得了较大发展，但从我国中长期的信用趋势看，通胀预期的加剧、巨量信贷增长以及国内外经济回暖基础尚不稳固等因素，银行业仍然面临较大的系统性风险。银行体系的流动性过剩以及基础设施投资的快速增长都对商业银行的资产质量形成压力。另外银行业自身的创新能力和与之相应的管理能力不足使中国银行业要进一步扩大改革成果面临着严峻的挑战。目前商业银行所面临的信用风险表现为以下的特点：

1）宏观经济因素的不确定性导致信用风险加大，信用风险管理难度加强

（1）商业银行顺周期性特征使其面临的信用风险上升，双降难以维系，资产质量面临考验，信用风险管理的难度进一步增加。

自 2008 年 11 月中央出台 4 万亿元扩内需、保增长的投资计划后，金融机构明显增大了信贷支持力度。在放贷冲动下，银行容易出现由于抢项目、搞竞争而放松信贷管理、盲目贷款等各种管理弱化行为，在信贷高增长的环境下信贷投放的不审慎行为所造成的风险隐患正在积聚。

（2）受金融危机和经济周期下行影响，行业风险日益凸显，银行

系统性风险不容轻视。受金融危机和经济周期下行影响，行业风险日益凸显，尤其以房地产业、出口型企业等为代表的与经济周期密切相关的行业信用风险日益加大。另外，与房地产相关行业的资金融通在银行内的高度集中，进一步增强了亲周期性行业信用风险在银行内的大量积聚，银行系统性风险不容轻视。①

根据中国银行针对 1998 年至今的数据分析，GDP 每下降一个百分点，不良贷款率将相应上升 2.4%，其中房地产贷款对于贷款不良率的"贡献度"最大②。如果国家出台与房地产经济相关的政策，房价下跌，房地产市场回落将不可避免地导致银行的系统性风险的加大。

随着银行业信贷结构调整力度的减弱，部分贷款进入产能过剩行业、"两高一资"行业和政府融资平台项目，受惯性、路径依赖等因素的影响，银行业信贷资产的行业集中度不同程度提高，从而导致行业集中度风险增大。

2）在战略转型中的新变化使银行面临的信用风险进一步增大

（1）信用活动全方位进入社会经济生活的各个方面，银行客户结构的变化使银行面临的信用风险更加复杂，原有的信用风险管理手段不足以应付变化中的贷款客户及其业务结构。

在传统的银行业务中，公司是信用关系的主要债务人，也是信用风险产生的主要来源。到了 20 世纪 50 年代，预期收入理论打开了银行贷款的空间，房地产贷款、个人消费贷款及企业设备贷款等均纳入银行贷款的范畴。我国 20 世纪末至今，以个人、家庭为代表的群体对银行贷款及其他各项业务的发展、影响越来越重要。尽管公司客户依然重要，但个人信用领域也占据了银行贷款业务的一定份额，而且其涉及的范围很广泛，住房、汽车、耐用消费品、日常消费、教育、医疗、旅游，等等。

贷款客户结构的变化，外加银行业面临持续性的"脱媒"压力，银行传统的也是优质的大公司客户在融资上越来越偏向直接融资市场，因此银行战略调整势在必行。调整之一是加大对个人客户和小企业客户

---

① 中国银行业协会.中国银行家调查报告 2009 ［M］.北京：中国金融出版社，2009.
② 李仁杰，王国刚.中国商业银行发展研究 ［M］.北京：社会科学文献出版社，2001.

的营销力度，以零售型业务的增长弥补批发型业务的流失。传统的信用风险度量与管理技术主要针对公司客户，贷款业务结构的变化迫使银行在信用风险的度量与管理上也必须做出相应的改革，以保证银行的稳健经营及持续发展。

（2）贷款利差收入持续减少。20 世纪 80 年代兴起的金融创新和金融自由化浪潮使银行面临前所未有的竞争压力，这种压力不仅来自直接融资市场，还来自间接融资市场的其他金融机构。原来的 3-6-3 制时代，即银行以 3% 的利率吸收存款、6% 的利率发放贷款，在低风险状态下稳定地获得 3 个百分点利差的美好时期早已成为过去，贷款利差收入受到严重的挤压。

中国的银行业在未来还要面临经济周期、人民币逐步可兑换和稳步推进利率市场化三大考验。随着利率市场化进程的推进，低息差在我国将成为常态，因此会给银行带来巨大的利润压力。如果今日的银行仍然想获得 3% 甚至更高的利差，其前提则是进行有效的风险管理，包括以准确预见借款人风险、存贷期限的转换为前提的贷款定价能力、灵活有效的风险管控技术和手段等。上述能力的欠缺与不足的代价是银行利差收入的持续减少。

另外，汇率市场化也会令银行的美元资产缩水，并通过出口企业、房地产企业风险的传导而导致银行信用风险加大。

（3）在银行传统经营模式没有实质性突破的前提下，国内银行业的盈利能力易受息差收窄和信用成本加大等因素的影响，银行整体的可持续盈利能力较弱。

国内银行业基本上还是以传统的经营方式和盈利结构为主，同质化现象明显。银行的盈利状况极易受到信贷规模、信贷政策所包含的息差宽窄、利率政策等因素的影响，削弱了银行的盈利能力，使之很难保持可持续的较好的盈利水平，整体可持续盈利能力不强。

随着国内金融市场改革步伐不断加快，商业银行尤其是大型银行正在进行综合经营、混业经营、分业经营等模式的选择。有的银行通过兼并的手段，控股一些机构，向保险业、证券业等业务领域拓展。在这样一种新的市场形势之下，商业银行与投行、保险公司、私募基金等各类金融机构之间的业务关联度不断加深，金融体系内部的风险随之也在不断增加。

（4）国际化、综合化、跨地域经营的发展战略使银行面临的风险日趋复杂，对银行业的风险管理能力提出了更高的要求。

近两年来我国银行业加快了海外发展的步伐，积极通过并购、设立新机构等方式，深度拓展海外市场。随着国际化进程的推进，以商业银行为主体的跨国金融集团将在全球不同的市场领域内，应对各类复杂的风险，适应不同的监管要求，而目前国内商业银行对全资公司、控股公司以及境外公司还没有一个完善的管理模式。在银行国际化的背景下，风险防范的难度将不断加剧。在未来一段时间内，银行国际化发展面临的挑战将成为国内银行业需要面对的困难之一。

2007 年 4 月，银监会下达了城市商业银行（简称"城商行"）"只要达到相关监管指标即可跨区域发展"的建议，跨区域经营成了国内众多城商行重要的发展战略。目前，在全国的 112 家城商行中，已有包括北京银行、上海银行在内的 14 家城商行设立或获准筹建了 26 家异地分行，城商行跨区域发展成为趋势。除自设异地分行实现跨区经营外，城商行还通过省内联合重组或收购兼并等方式来实现资源整合。继徽商银行之后，2007 年又成立了江苏银行。2008 年 3 月，14 家山东省的城商行决定在保持现有法人地位不变的前提下，共同入股组成一家新的联合体——合作联盟。2008 年 4 月 7 日，北京银行收购廊坊市商业银行 19.9% 的股份；同年，南京银行买入日照市商业银行 18% 的股份。由此可见，城商行表现出了做大做强的发展态势。跨区域经营对城商行的风险管理能力提出了更高的要求。

（5）表外衍生产品的迅速增加扩大了银行信用风险的来源。20 世纪 90 年代以来，金融创新浪潮席卷全球，各种衍生产品层出不穷，金融衍生交易市场快速膨胀，银行是衍生产品交易的主要参与者。随着衍生产品市场的急剧扩张，来自表外业务的信用风险不容忽视。

通过对我国信用风险现状的分析，可以发现：信用风险是导致银行资产质量下降、出现流动性危机的主要根源，是中国目前面临的主要风险，也是导致区域性乃至全球性金融危机的根本原因之一。当信贷资金长期、直接或间接地大量流入低信用群体及高风险领域时，危机的隐患就已经形成。如果风险控制不当，一旦宏观经济面出现调整，泡沫破灭，就可能诱发大面积违约。违约损失超过一定限度，各种风险就会相继发生。因此，加强银行信用风险管理，在信用风险管理的基础上进行积极有效的全面风险管理是保证银行长期健康发展的关键。

2.4 商业银行信用风险度量和管理

2.4.1 信用风险度量和管理的定义

风险会给银行造成损失。银行要想维持经营并创造利润，就需要对风险进行积极的管理。

风险管理是指在对风险的各种诱发因素进行考察、收集分析、预测的基础上制定出包括识别风险、衡量风险、积极管理风险、有效处置风险并妥善处理风险，达到以最少的成本将风险导致的各种不利后果减少到最低损失程度的一整套系统而科学的管理办法。风险管理的主体是银行，风险管理的内容包括风险的识别、衡量、防范和控制、分解和化解。其中以选择最佳的风险管理技术为核心，降低损失、维持经营、实现股东收益最大化为目的。

信用风险管理是风险管理的一个分支，特指针对由于违约及违约可能性造成的风险所实施的管理。具体来讲，信用风险管理是指通过对信用风险的识别和度量、控制和管理、分散和转移，减少或避免经济损失，保证经营安全。其目的首先确保银行所面临的风险可能造成的损失必须在银行所能承受的范围内，其次要通过风险管理把有限的资源配置到风险最小、收益最大的业务中，以实现股东收益最大化，或者说是在一定的风险水平下使收益最大化。

信用风险体现在商业银行经营活动的全过程中，要加强信用风险的管理，就需要对信贷风险进行全程的监控。既要依据宏观经济形势和经济运行所处的周期，制定正确的风险管理大政方针，又要从借款人和银行两方可能造成信用损失的各个方面出发进行全程的识别、度量和控制，进而通过有效的管理，有的放矢地防范并化解信用风险。

2.4.2　信用风险度量和管理的流程

1）信用风险的识别

要进行有效的商业银行信用风险管理，首先需要弄清楚商业银行信用风险的来源。从资产负债表来说，商业银行面临的信用风险（需要商业银行管理的信用风险）一定来自资产项下，负债项下包含的是商业银行本身的信用风险（需要商业银行的交易对手进行管理的信用风险）。风险识别是银行根据贷款客户的不同群体以及不同群体客户的不同债项类别把商业银行信贷资产组合划分为不同的风险敞口类型的过程。按照银行客户的类型，即信用风险来源的渠道，可以将银行的信用风险划分为五类，如图 2-1 所示。

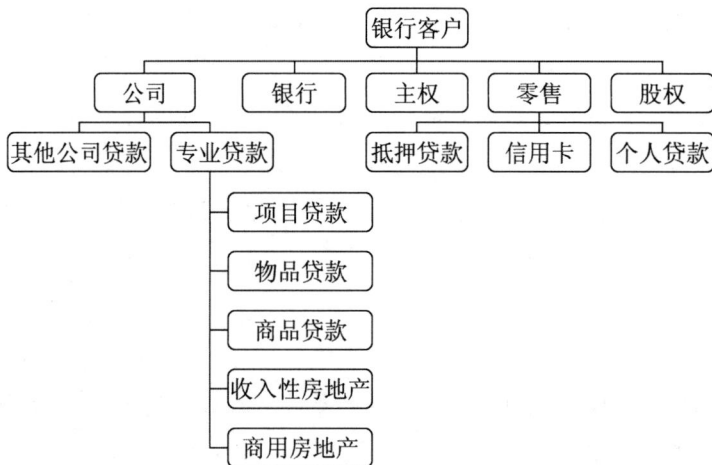

图 2-1　信用风险的类别图示

据统计，在我国的商业银行资产中，公司贷款是资产运用最为主要的渠道，是资产项下最大的一项，平均看占比总资产的 60% ~ 70%。①因此，公司贷款是最能集中地体现银行面临的信用风险的资产。所以本文主要集中讨论公司贷款的信用风险的度量和管理。

2）信用风险的度量

信用风险度量是商业银行应用一定的技术对可能引起贷款风险的因

① 中国银行业协会. 中国银行家调查报告 2009［M］. 北京：中国金融出版社，2009.

素进行定量计算，目的在于说明借款人预期的违约概率和损失幅度。信用风险度量是信用风险管理的中心内容，这项工作的优劣直接影响后续工作的成本，对商业银行的生存发展会产生重要影响。从广义上讲，对信用风险的度量既有相对简单的定性方法，也有具有坚实的理论基础和数学结构复杂的定量方法；既有基于非市场的、企业内部财务信息的静态度量方法，也有基于金融市场信息资料的方法；既有针对单项贷款资产的方法，也有针对贷款资产组合的评价方法。总体来讲，信用风险度量方法越来越体现从定性到定量、从简单到复杂、从微观层次的单项贷款信用风险评价到宏观层次的贷款组合信用风险的评价，在新的技术方法的尝试中向前发展。

3）信用风险的控制和管理

信用风险的控制和管理是指根据调整后的风险收益原则，对贷款集中度进行分析，采用一系列的商务决策，对风险限额进行权衡、选择和分配，进而确定各地区、各行业、各客户应承担的风险头寸的过程。

4）信用风险的分散和转移

信用风险的分散和转移是指通过信用风险的销售管理、信用风险的衍生品管理和信用风险的证券化管理等手段转移、分散、化解信用风险的过程。

沿着商业银行信用风险度量和管理的流程，可以进一步剖析信用风险度量和管理具体研究的内容。

2.4.3 信用风险度量和管理的内容

1）商业银行信用风险度量的内容

现代意义下的信用风险度量的主要目的是服务于正确地估计商业银行资产组合所承载的信用风险大小，更合理地配置资本并满足监管的要求。因此，现代意义下的信用风险度量内容包括单笔贷款信用风险度量、信贷组合信用风险度量、银行经济资本度量和经风险调整的资本收益率度量四个模块及各个模块中所涉及的多个参数，包括单笔贷款的违约率、违约风险敞口和违约损失率、信贷组合损失相关系数、经济资本和经风险调整的资本收益率值的估计。

实际上，在现代信用风险度量技术中，相对而言，只有违约率度量的技术相对成熟，其他的仍在探索阶段。因此，从现代信用风险管理的理念、模型、方法到商业银行的真正实践，还有漫长的道路要走。

2）商业银行信用风险管理的内容

商业银行信用风险度量的目的是为了借助度量结果对信用风险进行更有效的管理以提高银行的效益。准确的风险度量结果可以为精细的贷款定价管理提供依据，为有效的贷款组合优化管理提供支持，为银行信用风险的资本管理提供基础，为建立风险调整资本收益率为核心的绩效考核评价体系和综合管理体系提供参考，从而实现风险与回报的最佳平衡，实现资本的高效配置，提高银行的核心竞争力。信用风险管理包括信用风险的定价管理，信用风险的贷款组合优化管理，信用风险的资本管理及信用风险的转移和分解管理等丰富内容。

（1）商业银行信用风险的定价管理。随着我国利率市场化改革进程的不断加速，银行的贷款定价自主权正在逐步扩大，加快建立完善的定价体系越来越成为摆在我们面前的一项紧迫任务。

另外，由于银行业的竞争日趋激烈，银行往往需要展开价格竞争去争夺客户，进行贷款定价精细化管理将是商业银行保持竞争力的必然选择。

商业银行信用风险的定价管理包括银行依据信用风险计量结果，确定是否对某个客户提供信贷服务、采用何种信贷利率、给予多大的信贷额度以及具体的信贷条款有哪些等内容。

（2）商业银行信用风险的组合优化管理。商业银行信用风险的组合优化管理是指银行根据授信业务的性质、种类和风险程度等因素对信贷资产按照不同地区和行业实行多层面、多角度、多组合的横向和纵向的动态分析监控。最终实现分散风险、优化信贷结构、确定最佳平衡组合的目的。

（3）商业银行信用风险的资本管理。商业银行信用风险资本管理包括资本的数额和形式的确定，以及如何把每年筹集的资本更准确的配置到回报最高的业务线以及金融产品上。实际上这在银行内部的运作是十分复杂的过程。首先要建立基本的业绩考核，分产品、分业务线考核每个产品的赢利是多少，每个业务的风险是多少，才可能相应地提出需要配置的资本是多少。就全球主要商业银行而言，目前主要通过计算和测量经济资本来实现对银行资本的合理配置。

（4）商业银行信用风险的分散和转移管理。商业信用风险的分散和转移管理是指通过信用风险的销售管理、信用风险的衍生品管理和信用风险的证券化管理等手段转移、分散、化解信用风险的过程。

2.4.4 信用风险度量和管理中涉及的主要参数概述

1）违约概率（probability of default，PD）

违约概率也称为违约率或者预期违约率（EDF），是债务人或交易对手违反合约规定不能偿付债务的概率。要测算贷款及借款人的违约概率，首先需要对违约进行定义。实际上，在不同的银行、不同的会计体系以及在保存借款人历史纪录的外部数据库中测算信用风险过程使用的违约的定义都是不一样的，这些不同可能会影响其他条件相同的风险组合资本标准的可比性。更极端的情况是，银行有时利用这些不同的定义来调整他们的工作定义和测算程序，把资本标准降低到与实际不相符的程度。为了让不同的银行和信息源在计算监管资本标准所需的损失特性数据保持一致，巴塞尔银行监管委员会把这些不同的内部定义和一个监管性的参考定义联系起来，约定：当下列一项或多项事件发生时，相关的债务人即被视为违约。（1）已经判明借款人不准备全部履行其偿债义务（本金、利息或其他费用）；（2）与债务人的任何债务有关的信贷损失事件，如销账、提取特别准备金或债务重组，包括本金利息和其他费用的减免或延期支付；（3）债务人的任何债务逾期 90 天以上；（4）债务人申请破产或要求债权人提供类似的保护。

银行可以使用多种方法和数据来源对违约概率进行评估。三种广泛应用的方法包括：使用以银行自身违约经验为基础的数据，对外部数据进行映射或使用统计违约模型。对违约概率测算方法和理论依据的不同是形成丰富多样的信用风险度量新技术和模型的主要原因。本文将实际分析并验证两种重要的信用风险违约度量模型。

2）违约风险敞口（exposure at default，EAD）

违约风险敞口又被称作等价债务（LEQ），是指在违约发生时未偿还的贷款余额。违约发生前，公司对总贷款额度（T）的使用情况决定了违约风险敞口的大小。

3）违约损失率（loss given default，LGD）

违约损失率是指在违约发生时已经损失的贷款额度在违约风险敞口中的占比。损失总额等于 EAD 加上该笔贷款的管理成本减去将来可能追回的返还欠款的净现值。

4）预期损失（expected loss，EL）

预期损失是指平均而言可以预期到的损失额，通常用损失分布的均值表示。贷款的预期损失由违约概率、违约风险敞口与违约损失率三个参数综合决定，可以表示成三者的乘积。预期损失不是风险，因为银行必须留存价值与预期损失相当的贷款损失准备金以避免破产。

5）非预期损失（unexpected loss，UL）

非预期损失是指银行不可预料的损失，是预期损失的波动率，通常用损失分布的标准差表示。非预期损失是不确定的，它围绕预期损失波动，可上可下、可大可小。

6）经济资本（economic capital，EC）

基于不可预料的损失，银行必须预留足够的资本，以便在损失真正发生时能够维持经营，这种资本被叫做经济资本。

经济资本不是有多少的问题，而是要求它是多少的问题。经济资本的确定由银行的目标破产率决定。根据银行损失分布和目标破产率，可以计算出银行需要持有的经济资本。

7）经风险调整的资本收益率（risk adjusted return on capital，RAROC）

经风险调整的资本收益率是唯一反映银行整体风险的业绩评估指标和资本预算工具。它等于经风险调整后的预期净收益除以支持交易所需的经济资本。

2.5 商业银行信用风险度量和管理的研究框架

结合商业银行信用风险度量和管理的流程和具体内容两条主线，本文构建了对公司贷款进行信用风险度量与管理的整体框架：该框架从客户和债项两个维度入手，尝试运用不同的违约率度量模型估算客户的违约概率（PD），结合债项的违约损失率（LGD）与违约风险敞口（EAD），计算单笔贷款的预期损失（EL_i）与非预期损失（UL_i），进行单笔贷款风险度量，其结果作为一级输出；综合考虑行业、区域贷款的集中度，宏观经济形势等因素，估算违约相关性，计算贷款组合的预期损失（EL_p）与非预期损失（UL_p），进行信贷组合风险度量，结果作为二级输出；通过假定损失分布形式或采用蒙特卡罗模拟，计算经济资本数额作为三级输出。在三个输出级别的基础上，计算单笔贷款对贷款组合的风险贡献（RC_i），实现经济资本在单笔贷款上的分配，根据单笔贷款的成本预算，最终实现经风险调整的资本收益率度量。

经济资本和经风险调整的资本收益率是风险度量中最为重要的两个指标，以这两个指标为依据，银行不仅可以确定维持经营应保有的资本水平，还可以进行有效的贷款定价管理、贷款组合优化管理、贷款的拨备计提管理和资本管理等，实现资本的高效配置，进而实现股东收益最大化。整个信用风险度量和管理框架如图2-2所示：

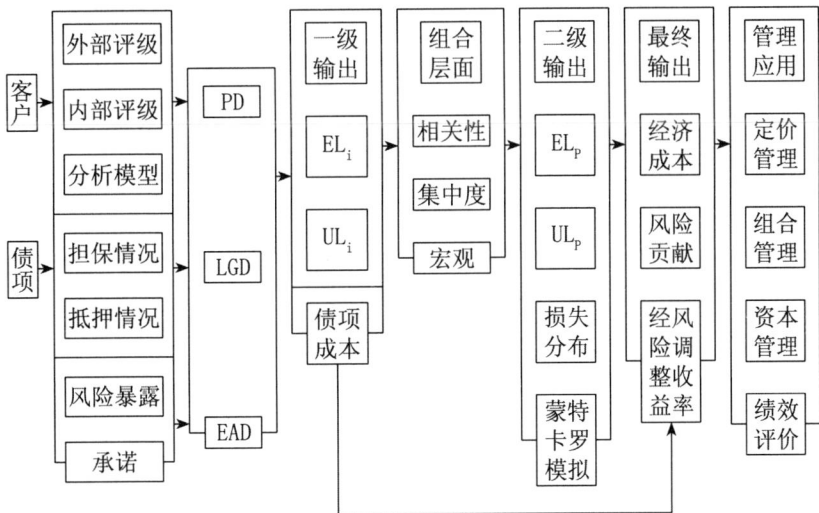

图2-2 信用风险度量和管理框架图

2.6　本章小结

本章首先对商业银行风险及其分类、信用风险的定义及其成因进行分析；然后对我国银行业信用风险现状进行概述，指出信用风险是我国商业银行面临的主要风险，积极有效的信用风险管理是保证银行长期健康发展的关键；最后通过剖析信用风险度量和管理的内容与流程，构建进行信用风险度量和管理研究的整体框架作为全书的主线，并对信用风险度量和管理中涉及的重要概念进行了阐述。

第3章 巴塞尔资本协议与我国商业银行信用风险管理现状

巴塞尔银行监督委员会是于 1975 年由西方十国集团（美、英、法、联邦德国、意、日本、荷兰、比利时、加拿大、瑞典）的中央银行行长在国际清算银行总部瑞士巴塞尔倡议建立的。该委员会没有任何凌驾于国家之上的正式监管权力，委员会的决议，不具备、也从未试图具备任何法律效力。不过，它制定了广泛的监管标准和指导原则，提倡最佳监管做法，期望各国采取措施，根据本国情况通过具体的立法或其他安排予以实施。委员会自成立以来，就有关银行国际监管事宜制定了一系列协议，称为巴塞尔资本协议。巴塞尔资本协议对于防范和化解银行风险、加强各国银行监管当局之间的国际协调与合作、维护国际银行体系的稳定发挥了积极作用。巴塞尔资本协议已经成为国际银行业风险管理的风向标。

中国是巴塞尔银行监管委员会成员国，巴塞尔资本协议已经成为中国银行业风险管理的指导性原则，中国银监会要求国际业务占比高的大型商业银行从 2010 年年底开始实行《巴塞尔资本协议 Ⅱ》，截止到 2019 年将实行《巴塞尔资本协议 Ⅲ》的监管标准和要求。因此，深入研究巴塞尔资本协议的相关内容，分析我国商业银行在信用风险管理方面与巴塞尔资本协议要求之间的差距，研究我国银行业在信用风险管理方面如何适应巴塞尔资本协议已成为当务之急。

3.1 巴塞尔资本协议及其对银行业信用风险管理的影响

3.1.1 《巴塞尔资本协议Ⅰ》及其对银行业信用风险管理的影响

1)《巴塞尔资本协议Ⅰ》产生的背景

1973 年前联邦德国赫尔斯塔银行（Herstatt Bank）和美国的富兰克林国民银行（Franklin National Bank）两家著名的国际性大银行的倒闭使监管机构在惊愕之余开始全面审视银行监管问题。1975 年，西方十国集团的中央银行行长在瑞士巴塞尔成立了巴塞尔银行监督委员会。

1975 年 12 月，针对国际性银行监管主体缺位的现象，该委员会出台了银行国外机构的监管原则。核心内容是：任何银行的国外机构都不能逃避监管；母国和东道国应共同承担职责；监管的重点是现金流量与偿付能力。

到了 20 世纪 80 年代，巴塞尔银行监督委员会注意到：国际银行业的经营风险在不断加大；另外，金融市场全球化使得银行业监管标准的不同造成了国际银行间不公平竞争的现象也日益严重。为强化国际银行系统的稳定性和安全性，1988 年 7 月委员会出台了《关于统一国际银行资本衡量与资本标准的协议》，简称《1988 旧巴塞尔资本协议》，本文称为《巴塞尔资本协议Ⅰ》。

《巴塞尔资本协议Ⅰ》建立了根据风险加权资产计算银行资本充足率的最基本行为监管框架，使银行的监管资本与银行面临的风险紧密地联系在一起，并提出了 8% 最低资本充足率的要求。其中，资本充足率等于资本除以风险加权资产。

2)《巴塞尔资本协议Ⅰ》对信用风险管理的要求

该协议主要包括四部分内容：

首先是作为分子的资本的分类。将银行的资本划分为核心资本和附属资本两类，各类资本有明确的界限和不同的特点。

其次是作为分母的风险加权资产中风险权重的计算标准。该协议将风险区分引入监管系统，故又被称为"以风险为基础的"资本标准。具体说来，资本框架要求银行持有的资本金等于其资产组合中资产"风险权重"的一定比例。其中风险权重主要根据债务所在国是否为经合组织成员国来区分。简单说，该资本框架将信用风险粗略区分为四大类：经济合作与发展组织 OECD（经合组织）国家中央政府的风险暴露风险权重为 0%，不需持有资本金；对于经合组织国家的银行部门以及经合组织以外的中央政府的债权风险权重为 20%，需要持有相当于债权总额 1.6% 的资本金；抵押贷款的风险权重为 50%，即资本金补偿比率为 4%；其他所有银行、企业和风险暴露的风险权重为 100%，即需要保持 8% 的资本比率。

再次是给出了资本充足率的最低要求为 8%，其中规定至少一半必须是核心资本，同时给出了过渡期的安排。

最后是各国监管当局自由决定的范围。

《巴塞尔资本协议 I》是在国际银行间建立统一管理标准的一次大胆尝试，它在国际银行界发挥的积极作用是有目共睹的。但是，随着技术的进步、金融的创新，其弱点与缺陷也逐渐暴露出来。

3）《巴塞尔资本协议 I》在信用风险管理方面的不足之处

《巴塞尔资本协议 I》缺乏对信用风险资产要求的风险资本权重的合理划分。

（1）对所有的公司和其他类型的风险暴露均一视同仁地给予 100% 风险权重，显然不合适。这种做法忽略了不同公司之间信用风险的差别，结果会导致银行无法区分最高信用等级企业的贷款授信和信用等级低于投资级别的具有较高信用违约风险的企业的贷款授信所需的风险资本。

（2）关于国家主权风险按照是否属于经合组织国家的标准划分，经合组织国家、金融机构风险权重分别是 0%，20%，而非经合组织国家、金融机构风险权重则分别是 20% 和 100%。这种划分很难真实反映不同国家和地区的信用等级状况，因此实行更符合实际信用状况的外部评级就成为资本风险衡量的必然趋势。

（3）缺乏基于组合分散风险效应的度量。该协议资本标准对银行信用资产组合风险资本的要求，仅仅是组合内个体资产信用风险资本要求的简单加总，没有考虑到多样性和集中度，以及组合风险的分散效应。

（4）缺乏关于金融创新对银行风险影响的认识。监管资本同经济资本不一致，加剧了银行资本的套利现象。银行通过把信贷资产证券化，就可以将这部分资产的监管资本风险权重从100%降为20%。事实上，银行通过使用创新型金融工具将信用风险转化为市场风险可以降低资本金要求、逃避监管，而银行面临的违约风险却并未减少。监管资本套利会导致银行间的不公平竞争和银行系统风险的加剧。

4）《巴塞尔资本协议Ⅰ》对银行业信用风险管理的影响

《巴塞尔资本协议Ⅰ》将过去以总资产大小为实力象征的监管理念转变为以资本充足率为核心的监管理念，是银行监管理念的一次重大转折，所体现的风险和资本概念已经成为银行从事风险测量、管理以及资本管理的基本参照。它的实施对国际银行业的发展产生了深远影响。

3.1.2 《巴塞尔资本协议Ⅱ》及其对银行业信用风险管理的影响

1）《巴塞尔资本协议Ⅱ》对银行业信用风险管理的要求

针对《巴塞尔资本协议Ⅰ》的不足，2004年6月巴塞尔银行监管委员会出台了《巴塞尔新资本协议》（本文称其为《巴塞尔资本协议Ⅱ》）。《巴塞尔资本协议Ⅱ》从2007年1月1日开始执行，该协议对多个领域做出了影响深远的重大调整，关于信用风险管理要求主要有两点：

（1）对信用风险资产的衡量及计量方法作出了重大的调整和修改①。调整了原来确定风险资产的不合理标准。新的资本协议废弃了按照是否属于经合组织成员国来设定风险权重的标准，改由根据评级结果

---

① 巴塞尔银行监管委员会，罗平. 外部信用评级与内部信用评级体系［M］. 北京：中国金融出版社，2004.

来确定风险权重。评级结果可以有两个来源：一是采用外部评级机构给出的评级结果，称为标准法；二是在符合规定的条件下，采用银行内部的评级结果，称为内部评级法。新协议在这一点上的创新使得对银行的资本要求与银行面临的实际风险更加紧密地结合在一起，外部评级级别高的国家或公司将得到优惠的风险权重，借此激励借款人努力提高自己的外部评级，也激励银行持有更多高评级的债权。

改变了风险权重的设置方法。对于六种评级结果：AAA 到 AA-，A+到 A-，BBB+到 BBB-，BB+到 B-，低于 B-，未评级，主权的风险权重依次为 0%，20%，50%，100%，150%，100%；银行和证券机构、其他公司的风险权重在标准法下依次为 20%，50%，100%，100%，150%，100%。

提倡高度发达的银行使用信用风险组合模型。因为信用风险组合模型可以从整体角度对信用组合进行风险评价，更优于内外部的评级，所以提倡高度发达的银行使用信用风险组合模型。但同时也指出，信用风险组合模型在资料充分性和模型有效性等方面还具有很多的局限性。

新协议注意到金融创新对银行风险的影响，一方面承认资产证券化对分散信用风险的重要作用，一方面建议使用外部评级来确定其风险权重，以避免银行借此蓄意抬高资产充足比率。其次，新协议在肯定金融工具降低信用风险的作用的同时，扩大了金融工具所涉及的担保和抵押品的范围，并制定了更为完善可行的方法。

（2）提出了信用风险计量的内部评级法[①]。在信用风险测量方面，考虑到业务不是十分复杂的银行，《巴塞尔资本协议Ⅱ》建议其使用标准法。标准法是指银行借款对象的信用状况由外部信用评级机构决定，外部评估机构的资格认可由各国的监管当局评估，同时引入出口信贷机构作为外部评级机构的补充。在标准法下，银行根据外部评级机构对银行资产的评级结果给其资产以及资产负债表表外头寸分配风险权重，并计算以风险作为权重的资产价值。

与外部标准法相对应，《巴塞尔资本协议Ⅱ》的重点和核心是推荐

---

① 巴曙松．巴塞尔新资本协议研究［M］．北京：中国金融出版社，2003．

国际型大银行使用内部评级法（internal rating based approach，IRB）衡量风险资产，进而确定并配置资本金。内部评级法是建立在银行内部信用风险评级的方法之上，估计所需资本金额以支持他们的经济性风险。若要使用内部评级法，银行必须符合一套认可的标准或"最低要求"。根据难易程度，分为两个阶段：第一个阶段是基础内部评级（foundation IRB approach）；第二个阶段是高级内部评级（advanced IRB approach）。内部评级法提出违约率、违约下的损失率、违约暴露及期限 4 个主要参数。基础内部评级要求比较简单，银行只需计算违约率，其余 3 个参数只要依照监管机构的指引即可，实施比较容易。高级内部评级相对复杂得多，银行需要自行计算上述 4 个参数。

内部评级法要求银行对借款人和特定债项所具备的风险特征进行内部评估，并将内部估计值作为监管资本的主要参数输入由巴塞尔银行监管委员会提供的风险权重函数，进而计算监管资本。它是巴塞尔银行监管委员会在总结国际银行业在风险管理方面先进做法的基础上提出来的计算信用风险监管资本要求的一整套框架和方法，是对全球信贷风险识别和衡量方法的一次巨大变革。

2）《巴塞尔资本协议Ⅱ》对银行业信用风险管理的影响

《巴塞尔资本协议Ⅱ》提出的内部评级法以现代信用风险管理模型为基础，用连续的风险权重函数替代了《巴塞尔资本协议Ⅰ》中简单的风险权重规定，能够更精确地计算信用风险的资本监管要求，大幅度地提高了资本监管的风险敏感度。以内部评级法为核心的《巴塞尔资本协议Ⅱ》，其形式上是一份国际银行业监管文件，实质上是一份银行业先进风险管理机制和技术的总结与指导性文件，对各国银行都有指导性作用。

2004 年《巴塞尔资本协议Ⅱ》一出炉，立即得到了全球银行业的积极响应。中国香港特别行政区已经于 2007 年 1 月 1 日起开始实施；欧盟各国、韩国、新加坡、澳大利亚等国也于 2008 年 1 月 1 日开始实施；美国主要大型银行于 2009 年开始实施高级内部评级法及操作风险高级计量法；全球近一百个国家和地区计划于 2010 年开始实施该资本协议，表 3-1 给出亚洲部分国家和地区实施《巴塞尔资本协议Ⅱ》的情况。

表3-1　亚洲部分国家和地区实施《巴塞尔资本协议Ⅱ》的进度表

2007 年	2008 年	2009 年	2010 年
中国香港特别行政区	基本/标准/基础法		高级法
新加坡	标准法		基础法/高级法
日本	标准法/基础法		高级法
中国台湾地区		标准法/基础法	
泰国	标准法/基础法		高级法
马来西亚	标准法		基础法
印度	标准法		基础法/高级法
印度尼西亚	标准法		基础法
菲律宾	标准法		基础法/高级法

资料来源：根据相关资料整理.

2007 年 2 月，中国银监会也发布了《实施新资本协议指导意见》，明确了实施时间表。国际业务占比高的大型商业银行从 2010 年年底开始实施，中小商业银行自愿实施。2008 年 10 月，中国银监会又下发了《商业银行内部评级体系监管指引》等 6 个监管文件，文件中规定：商业银行实施基础内部评级法，相关风险参数估计值要在核心应用范围内发挥重要作用。所谓核心应用是指，债务人或债项的评级结果要作为授信审批的重要依据，商业银行的授信政策要明确规定：债务人或债项的评级结果是授信决策的主要条件之一；针对不同评级的债务人或债项采用不同的监控手段和频率；根据债务人或债项的评级结果，设置单一债务人或资产组合限额；根据债务人和债项的评级以及行业、区域等组合层面的评级结果，制定差异化信贷政策；信用风险主管部门应至少按季向董事会、高级管理层和其他相关部门或人员报告债务人和债项评级的总体情况和变化；内部报告制度应明确规定风险报告的内容、频率和对象。

此外，监管部门还要求银行在核心应用的基础上，进一步拓展内部评级计量参数的应用范围，在高级应用范围内要有所体现。高级应用范围将风险参数估计值和内部评级结果作为：商业银行构建经济资本计量模型的输入参数的重要来源；确定风险战略和制定风险政策的决策基础；计提贷款损失准备的重要依据；贷款和投资定价的重要基础；计算风险调整后资本收益率的重要依据。商业银行应将内部评级的结果明确纳入绩效考核政策，风险参数量化模型和内部评级体系的开发和运用应有助于银行加强相关信息系统建设、充分配置银行风险管理资源以及审慎风险管理文化的形成。

《巴塞尔资本协议Ⅱ》推荐的以内部评级法为代表的信用风险监管资本计量技术，集中反映了定量计量信用风险的最新理论成果，使商业银行对信用风险管理第一次从依靠经验判断的定性分析转变到了依靠风险计量技术支持的科学决策，对银行风险的管理实践产生了深远影响。自此，中国主要的商业银行开始实施《巴塞尔资本协议Ⅱ》，各家银行都加快了改革建设的步伐。

3.1.3 《巴塞尔资本协议Ⅲ》及银行业信用风险管理的未来

2007 年次贷危机引发的金融危机暴露出《巴塞尔资本协议Ⅱ》中存在的问题。2010 年巴塞尔银行监管委员会综合各方提出的修改意见，拟定了全球银行业新的监管标准。2010 年 9 月 12 日，27 国央行在瑞士一致通过了这一最新银行监管协议，此举被认为是《巴塞尔资本协议Ⅲ》的出台。《巴塞尔资本协议Ⅲ》主要包括关于银行资本和流动性监管框架的改革，其中涉及提高资本的质量和数量要求，建立资本流程缓冲，使用杠杆比率作为安全防护网，引入全球最低流动性标准，交易性资产将被赋予更严格的风险权重等多方面内容。该协议被评价为最近30 年来全球银行业在监管方面最大规模的改革，标志着全球金融监管理念逐渐从自由化和市场化转向加强监管，特别是政府主导的宏观审慎监管。

1)《巴塞尔资本协议Ⅲ》在银行资本和流动性方面的新标准

（1）截至 2015 年 1 月，全球各商业银行的一级资本充足率下限要求从现行的 4% 上调至 6% 。其中由普通股构成的"核心"一级资本下限要求从现行的 2% 提升至 4.5%，总资本充足率要求在 2016 年以前仍保持在 8%。2019 年 1 月后，一级资本充足率、"核心"一级资本充足率、总资本充足率将进一步提升至 7.0%、8.5% 和 10.5%。

（2）各家银行要设立总额不得低于银行风险资产 2.5% 的"资本防护缓冲资金"，于 2016 年 1 月—2019 年 1 月之间分阶段执行。

（3）提出 0～2.5% 的逆周期资本缓冲，未明确具体实施的时间安排，由各国根据情况自行决定。

（4）使用杠杆比率作为资本充足性的额外测试。为避免银行采用较低的风险权重计算加权风险资产产生的问题，设立 3% 的最低杠杆比率，即核心资本相对于总资产（没有经过风险加权的资产）的比率不低于 3%。

（5）剔除了较软弱的资本形式。金融危机表明部分被当做资本的证券在危机中无法真正地吸收损失。该协议中取消了诸如次级债券、银行或银行控股公司持有的某保险公司的所有权、递延税款资产等充当资本的资格。该协议要求从 2013 年开始逐步扣除，每年扣除 10%。

（6）对此次金融危机暴露出的高风险资产，如证券化资产、交易账户上的衍生工具等，在计算风险加权资产方面也做了更为严格的规定。

（7）提出了新的流动性要求。

基于一种使用标准化计算的压力测试确定最低流动性覆盖率指标，并创设了一种新的流动性比率指标——净稳定融资比率。前者用于确保银行有足够的优质流动性资源应对短期流动性风险，后者用于衡量流动资产和一年以内到期的负债的水平，迫使银行更多地寻求一年以上的融资渠道或更多地投资于流动性高的资产。

2）《巴塞尔资本协议Ⅲ》对银行业信用风险管理未来的影响

《巴塞尔资本协议Ⅲ》是国际金融稳定理事会和巴塞尔银行监管委员会在总结了这次国际金融危机教训后作出的一项金融监管改革，其核心内容包括三个方面：强化资本监管、引入杠杆比率、建立流动性监管标准。该协议对银行的资本构成、资产质量、资本充足率水平和流动性水平都大幅提高了其监管要求。其中对资本的数量和质量的监管达到了前所未有的重视程度。该协议的指导思想是要求银行用更少的资本管理更多的风险加权资产，以及进一步提高资本充足率。这一举措意味着全球银行业的核心监管价值观将彻底改变——对安全性的重视远远超出了盈利性。

资本和流动性要求的提高将会在整个银行业和资本市场中产生重大影响。一方面，新的收缩的资本和流动性要求会使国家的金融体制乃至全球金融体制变得更为安全；另一方面，安全性的增加需要付出成本，银行需要持有更多的资本以满足银行监管的要求，还需要持有资本以创造利润。未来几年，银行一方面会持续面临补充资本的压力，一方面要加快建立风险度量和管理系统，进行精确、有效的信用风险的度量以实现资本的优化管理。

《巴塞尔资本协议Ⅲ》给中国的银行业风险管理敲响了警钟，也为中国银行业未来的发展指明了方向。

目前从短期看，国内银行的资本充足率尚能满足监管的要求，但是从长期看，按《巴塞尔资本协议Ⅲ》监管标准，则会给商业银行带来很大压力。

随着新规则中核心资本比例的提高，普通股在监管资本中主导地位的确立，银行需要更多地依赖扩大发行股票的方式进行融资，而股票融资的成本要远远高于某些次级债融资的成本。更多的资本成本意味着行业利润的减少、预期收益的降低，这将进一步导致投资者对各银行增资活动积极性的降低。银行资本将变得更加昂贵，更加难以获得。

另外，我国银行业的主要收入来源还是高资本消耗的信贷业务利差收入。这两年在宽松货币政策下的大量信贷投放，使得银行的隐形债务和不良资产风险大幅提升，加上一些城市严重泡沫化的房地产业市场，像悬在中国头上随时可能滑落的达摩克利斯之剑。

此时，面对《巴塞尔资本协议Ⅲ》提出的更为严格的监管要求，中国银行业只有在努力筹措核心资本的同时，努力提升自己的风险管理水平，减少对风险加权资产资本的消耗，才能够节省更多的资本用于满足监管的要求以及发展的需要。

中国是巴塞尔银行监管委员会成员国，中国银行业监管必须引入和执行新规则，未来几年国内的银行业监管标准将会进一步提高。我国商业银行现在必须在适应实施《巴塞尔资本协议 II》的同时，根据《巴塞尔资本协议 III》提出的新的监管要求和指导原则，制定长远的、前瞻性的发展战略，引导银行业的改革与建设。

3.2 我国商业银行信用风险管理现状

3.2.1 改革三十年，我国商业银行的发展历程概述

1）由国家直接控制下的单一化银行体系转变为多元现代化银行体系

从 1978 年十一届三中全会开始，中国的经济逐渐活跃。为了跟上形势的发展，人民银行开始把商业银行业务分离出来。1985 年，从人民银行分离出来的中国工商银行，加上中国银行、中国建设银行以及 1979 年恢复的中国农业银行（以下简称工行、中行、建行、农行）成为中国银行体系的主力军，主营存贷款业务。

2001 年 12 月，中国加入世贸组织，承诺在 5 年过渡期结束后，银行市场向海外机构全面开放，实行公平的国民待遇。金融开放有了具体的时间表，这就意味着在 2006 年 12 月 11 日以后，中国境内的银行市场将变为一个主要按照国际规则展开竞争的市场。这些外来的压力，加快了我国银行业改革的进程。2002 年国务院决定对国有 4 家商业银行进行股份制改造。2003 年 12 月，国有独资商业银行的股份制改造正式启动，以中央汇金投资有限责任公司向建行、中行注资 450 亿美元为标志，中国商业银行（尤其是国有商业银行）迈开了全面改革的步伐。

2005 年建行、交行发股上市，同年工行的股份制改造也宣布完成。这期间，城市信用社与农村信用社的改革也取得快速进展，在清理整顿、联合重组的基础上，组建了城市商业银行。在经过了近 30 年的改革之后，中国已逐渐形成了一个多元化、多层次的银行体系。其中包括了国有商业银行、股份制商业银行、政策性银行、城市商业银行、农村信用社、邮政储蓄机构、财务公司以及外资银行等。随着金融改革的不

断深化，多元化的银行体系将为经济体制改革提供多样化的资金支持，在国民经济的发展过程中将发挥越来越重要的作用。

2）银行业整体实力显著增强，国际地位明显提高

我国银行业的整体实力与三十年前相比，有了翻天覆地的变化。财务实力明显增强，资产质量不断改善，资本充足率和风险拨备大幅增加，盈利水平持续增长，信用状况稳步提升。

从资产规模上看，改革开放初期的 1978 年，我国金融业资产总量为 3 048 亿元人民币，如今我国银行业资产总量达到了 80 万亿元人民币，比改革初期增长了 200 多倍。从资产质量上看，我国银行业不良贷款率已从高峰时的 30% 左右下降到目前的 5.58%，其中经过股改的国有商业银行的平均不良贷款率仅为 2% 左右，股份制商业银行仅为 1.65%，已经达到或接近国际先进银行的平均水平。

从盈利能力上看，工行、建行、中行和交行的净利润年增长率平均为 30%。2008 年，工行和建行实现的净利润金额曾位居世界大行中的第一名和第二名。据目前公开的有关数据来看，世界上几家有名的大行连年出现亏损，而中国 4 家国有控股上市银行的净利润却保持了相对于中国经济 9% 的增速 3 倍以上的增长速度，这不仅表明中国银行业抵御国际金融危机的能力较强，而且算得上"风景这边独好"。

从资本充足情况看，我国银行业从原来的资本严重不足甚至负值，发展到目前平均资本充足率 8.4% 的水平，其中已股改国有银行的资本充足率平均达到了 12%。

3）战略转型步伐加快

从 2005 年，国内国有控股的大银行就开始了轰轰烈烈的战略转型。在这 5 年间，转型取得了很大的成就。各银行注重业务结构、收入结构、客户结构调整，重点发展零售银行业务、中小企业业务和中间业务，提高中间业务的收入占比，由过去的单一化经营模式向零售多元并重的综合化经营模式转变。在结构调整的过程中，各银行能够选择与自身的业务优势相匹配的客户群体，为客户提供个性化的服务。由过去的单一化服务方式逐渐向商业银行、投资银行、证券、保险、信托、基金和租赁在内的综合化服务方式转变。

近年来，我国银行业虽然处在国际化的初级阶段，存在例如海外机构少、海外资产比重低、地域覆盖范围小等问题，但也已经开始直面国际化、金融市场化、综合经营等国际银行业的发展主流趋势。目前我国银行业正在努力提高自身的跨国管理能力，为海外并购、跨国经营积蓄经验和力量。

4）银行监管制度不断强化，监管的专业程度和规范程度明显提高

在银监会成立以后，中国银行业所面临的监管环境出现了很大的变化。监管的专业程度和规范程度都较以往有了很大的提高。从目前看，银监会工作的侧重点有几个方面：（1）是按照国际通行的巴塞尔资本协议的要求，突出强调以商业银行资本充足率为监管核心；（2）是推进商业银行公司治理结构的完善；（3）是强化对商业银行的风险监控，一方面完善对各种风险的监管办法，推出相应的风险监控指标，另一方面则是促进商业银行完善内控机制，建立内部风险管理的长效机制。

在监管制度强化过程中，实施资本充足率监管对银行业经营的影响最为直接。资本充足率监管从根本上改变了银行的经营理念，促进了银行业务的多元化发展。

长久以来，中国银行业资产扩张所受到的限制，只有在贷款通则中规定的最高存贷比率，而缺乏对资本方面的约束。在这种背景下，形成了"规模至上"的经营理念。为扩张规模，不计成本、不择手段。对单个银行而言，片面追求规模扩张，而忽视发展的质量与效益，会加剧经营风险的积累，不利于银行的长期可持续发展。从宏观上讲，由于我国各银行业务上的趋同性，众多银行同时追求规模扩张的冲动，很容易演变为宏观上的经济过热，从而加剧宏观经济波动或造成结构性失衡。

资本充足率监管的实施对"规模至上"的经营理念形成了一个强有效的制约。许多银行已经开始在战略发展规划方面进行积极调整，坚持收益与风险相匹配的原则，从单纯追求规模扩张转变为质量、效益和规模并重，适度发展，稳健经营。

资本充足率监管的实施同时还促进了银行逐渐向"多元化"的经营理念转化。在没有资本约束的前提下，不同业务间的资金成本是无差异的，银行自然也就倾向于将资金投入到收益最大的项目。在实施资本

充足率监管后，由于风险权重不同，不同业务所需的资金成本也就会有所差异，进而可以有效降低银行贷款扩张的动机，转向多元化经营。

银行业务的多元化调整主要体现在两个方面：一是发展资本节约型的低风险表外业务和中间业务，降低业务发展对资本金的依赖；二是大力发展资产证券化，将表内风险资产剥离出去，降低对资本的占用。

从具体实践看，近年来国内商业银行的中间业务与表外业务发展较快，非利息收入在总收入中所占的比重也在不断攀升，虽然还远低于国外银行的水平，但可以看成是一个可喜的变化。另外，国内银行业已经开始寻求资产证券化方面的尝试，2005 年年底中国建设银行和国家开发银行分别发行了国内第一笔抵押支持债券（MBS）和资产支持债券（ABS）。

除了对资本充足率有要求以外，银监会成立以后，在风险管理体制、商业银行治理机制等方面，也对商业银行提出了新的要求，从而大大促进了商业银行管理体制的完善。以全面风险管理为纲，搭建全面风险管理的组织框架，设立独立的部门对信用、市场及操作风险等各类风险进行集中、统一的管理，进而实现对各类风险的全面覆盖。这其中信用风险管理是全面风险管理的基础。

3.2.2　我国商业银行信用风险管理的现状

从 2002 年开始，随着四大国有商业银行股份制改造的加速，我国银行业的风险管理水平有了很大提高。2004 年 6 月，《巴塞尔资本协议Ⅱ》出台，建议并允许国际大银行采用内部评级法进行资本管理，但风险量化水平必须要达到一定的要求。为了顺应国际银行业监管实践的变化，2007 年 2 月，中国银监会发布了《实施新资本协议指导意见》，明确了实施《巴塞尔资本协议Ⅱ》的时间表，从 2010 年年底国际业务占比高的大型商业银行开始实行。自此，中国主要商业银行开始投入到实施新资本协议的各项准备工作中，各家银行加快了改革建设的步伐。

各家银行都开始树立长远的战略目标、重建组织架构、完善公司治理、加速战略转型、全力开发风险管理模型并通过各种渠道引进国外先进的管理技术以加强风险管理。经过这几年的发展，我国主要商业银行在风险管理方面与国际大银行的差距在逐渐缩小。

1）制定了明确的风险管理战略目标

制定风险管理战略目标是进行风险管理的前提与基础。风险管理战略目标的制定要依赖其中长期发展战略。我国主要商业银行在致力于建立全面风险管理体系的过程中，纷纷依据自身的中长期经营战略，制定了明确的总体风险管理战略和相应的信用风险管理战略（见表3-2）。

表3-2　　　　我国主要商业银行风险管理战略目标一览表

银行名称	中长期经营战略	总体风险管理战略目标
工行	巩固在我国银行业的市场领导地位并致力于转型成为国际一流的金融机构	努力达到国际一流的风险管理水平，促进核心竞争力的提升
中行	发展成国际一流银行	进一步健全风险管理组织架构，优化风险管理政策和流程，显著提升风险管理水平与市场竞争能力，向国际一流银行风险管理水平迈进
建行	发展成为专注于为客户提供最佳服务、为股东创造最大价值、为员工提供最好发展机会的国际一流银行	持续改善风险管理技术，优化组合管理技术，风险管理水平尽快达到国际一流
交行	走国际化、综合化道路，建设以财富管理为特色的一流公众持股银行集团	全力推进全面风险管理体系建设，深化风险管理组织架构改革，强化风险管理技术支持，推进风险管理专业团队建设，确保本集团能够合理控制风险水平，安全、稳健地开展各项经营活动
中信行	零售业务与对公业务并重，构建区域性中小股份制商业银行、对公业务主流银行	优质行业、优质企业、主流市场、主流客户

在总体风险管理战略的基础上，各行还制定了明确的信用风险管理

目标。工行提出要全面强化信用风险管理;中行提出要实现授信资产质量持续改善;建行提出要不断提升信用风险管理水平;交行提出要积极促进对各环节潜在信用风险的及时有效识别、计量、监控和管理;中信银行提出要优化信贷结构、有效控制风险的信用风险管理目标。

2)风险管理组织架构更加优化

在明确了风险管理战略目标后,我国商业银行借鉴国际先进经验,在建立健全风险管理组织架构方面也做了大量工作。

一些主要商业银行还建立了以区域分支机构为利润中心的矩阵型风险管理组织架构,对风险实行集中统一的管理,如图3-1所示。

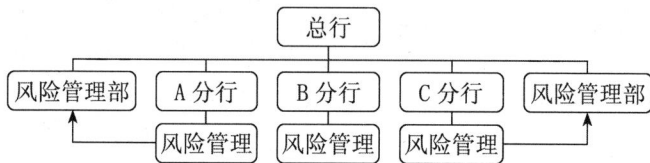

图3-1 矩阵型风险管理组织架构图

集中统一的风险管理强调风险管理决策部门对风险管理政策、制度和程序的集中统一决策职能;强调风险管理部门对各类风险的集中统一管理职能;强调各业务经营部门内设的风险部门派出机构对本部门经营管理中的风险具有日常监测、评估和管理职能,并具有向风险决策管理部门报告的职能。

部分商业银行内部正在逐渐建立风险经理与业务经理平行作业机制。为了实现风险管理关口前移,近年来以建行为代表的一些主要商业银行已经在经营中建立了风险经理与业务经理平行作业机制。

另外,中国主要商业银行内部已经形成矩阵式风险汇报线路。实行矩阵式风险汇报线路,是为了加强决策管理层对操作层的管理和监督,其含义是:风险管理决策部门在业务单元的派出机构,一方面向风险管理决策部门报告风险信息,接受其领导、检查和监督,另一方面也向所在业务单元的负责人报告风险信息;同时,下级行的风险管理部门,一方面向上级行的风险管理部门报告风险信息,接受其领导、检查和监督,另一方面也向本级行的领导负责,向其报告风险信息。例如,建行一级分行风险总监和二级分行风险主管,在负责所辖全面风险管理工作组织实施的过程中，一方面向上级风险管理人员汇报，另一方面也向所在机构或业务单元的负责人汇报；交行也正在建设风险管理矩阵式汇报线路，在具体经营管理中，各级业务经营管理部门必须将风险信息同时报告本部门的上级管理者以及风险管理部门。

3）风险管理政策措施进一步完善

为保证风险管理战略目标的顺利实现，商业银行必须制定配套的风险管理政策措施。近年来，我国主要商业银行不断完善风险管理政策体系，围绕风险管理战略目标制定出一系列政策措施。

为提高信用风险管理水平和信贷资产质量，工行加强行业风险管理和客户结构调整，加强贷后管理和不良贷款清收处置，加强表外业务信用风险管理，并不断提高信贷管理的信息化水平；中行进一步强化资产质量控制，加强敏感行业压力测试，及时调整授信策略，加大对重点优质客户的授信支持力度，主动退出低质量、高风险客户，不断优化授信结构；建行优化信贷结构，加强贷后管理，优化信用风险管理信息系统和计量系统；交行对包括授信调查和申报以及授信审查审批、贷款发放、贷后监控和不良贷款管理等环节的信贷业务实行全流程规范化管理；中信行进一步加快对公信贷的结构调整，科学调整授权管理，继续推行行业审贷，严把小企业贷款准入关口，优化客户结构，加强贷后管理，加大零售贷款合规检查、质量监测和不良贷款清收的力度，完善信用卡业务全过程风险管理体系，及时调整客户和信贷结构。

4）风险量化管理水平进一步提高

风险管理量化和模型化是现代商业银行风险管理发展的趋势，量化技术是现代商业银行风险管理的有力支撑，模型化管理是现代商业银行风险管理的重要特征。近年来，我国商业银行以实施《巴塞尔资本协议Ⅱ》为契机，借鉴国际先进的风险管理理念和方法，逐步由以往的以定性分析和经验分析为主，向定性分析和定量统计模型相结合转变。内部评级法、评分卡、风险限额、风险价值模型（VaR）、压力测试、风险组合管理、市场风险内部模型法、操作风险计量模型等先进风险管理方法被陆续引进，有效提高了我国商业银行的风险管理水平。

现代商业银行信用风险管理已发展到以《巴塞尔资本协议Ⅱ》内

部评级法为代表的模型化管理阶段。

招商银行的客户信用评级体系和债项评级系统已于 2005 年 7 月和 2007 年上半年正式上线。客户信用评级体系的主要方法是打分卡和违约率模型，以实现对公司客户的风险等级分类和违约率测算；债项评级系统可以实现对不同债项的风险分类和违约损失率进行测算。目前招行的债项评级已经覆盖所有表内外信贷资产，能计算违约率的风险资产占其银行账户（不包括交易账户）总资产的 80% 左右，已远远超出《巴塞尔资本协议Ⅱ》的内部评级法中"不低于 50%"的最低要求。

在确定出违约率和违约损失率两个参数后，2007 年招行初步实现了对公客户每笔债项粗略的预期损失计算。今后，招行要基于违约率和违约损失率参数建立起相对全面的公司客户信用风险量化管理体系，以实现"基于内部评级的风险定价，用经济资本配置资源，用 RAROC 衡量绩效"这一目标，为使用内部评级法度量和监管资本提供必要的技术条件。由于缺少外部评级和对数据的依赖，招行实际上正在按照内部评级法高级法的某些标准实施，比如债项评级就超出了初级法的要求，由本行逐步积累并建立违约损失数据库。

工行全面优化原有客户评级系统，投产上线客户评级优化系统，并与国际知名咨询机构高盛集团合作，规划实施了内部评级法二期工程零售项目。2008 年年底工行在完成非零售内部评级法项目的基础上，稳步推进非零售内部评级法项目工程成果在风险管理流程中的应用，目前工行正积极推进信用风险组合管理和压力测试项目。

建行开发了非零售风险暴露违约概率模型和违约损失率模型、违约风险暴露模型、零售风险暴露资产池风险参数模型、小企业违约概率模型、评分卡系统、抵押品管理系统和信用组合管理系统，研究了信用风险压力测试方案并优化了信用风险信息系统和计量系统；目前准备完善抵质押品管理，启动组合管理项目、风险模型试验室项目。

交行已经完成了公司内部评级体系的全面推广，在授信评审和贷后管理流程中稳步推进公司内部评级模型，部分分行已经完成了零售业务内部评级模型的开发和测试；中信行启动公司债项评级与违约风险暴露（EAD）计量项目和零售评级项目，引进申请风险评分技术，并提升了信用卡风险量化技术。

中行为实施新资本协议作出了积极充分的准备工作，成立了新资本协议实施领导小组与规划协调办公室；制订了新资本协议实施总体规划实施方案；完善了信用风险、市场风险和操作风险三大风险的计量手段；引进了先进的管理理念和工具，以提高资本评估与管理水平；建立健全了内部风险报告和外部信息披露体系。

中国主要商业银行的信用风险模型化管理已取得积极进展。

3.2.3 我国商业银行信用风险管理的不足

经过近十几年的快速发展，我国商业银行在信用风险度量与管理方面取得了长足的进步，但与国际先进大银行相比，还存在着一定的差距，主要体现在下几个方面：

（1）风险管理意识比较薄弱，风险管理理念相对滞后，尚未形成良好的风险管理文化。风险管理文化决定商业银行的风险管理观念和行为方式，是内部控制体系中的"软因素"，在商业银行经营管理中占有十分重要的地位。我国商业银行风险管理起步较晚，风险管理意识还很薄弱。在实际工作中，过分强调业务发展，对潜在的风险重视程度不够；过分强调市场开拓，轻视规章制度建设；有些管理层人员甚至将风险管理与业务发展对立起来，认识不到风险管理在业务拓展和经营管理过程中的作用，单纯将其定位于风险控制部门。脱胎于计划经济的中国银行业习惯了依靠计划指令行事，忽视风险控制，往往以未经风险调整的名义收益作为业绩衡量标准，对西方先进的风险评价、资产组合分析、风险预控和风险缓释技术更是缺乏了解。实践证明，这种落后的风险管理文化不能适应业务快速发展、风险管理日益变化的需要，在风险管理上常常失败。

（2）风险管理体系尚不健全，组织架构不完善。我国商业银行的风险管理体系存在一定的问题，公司治理结构不完善。在目前的体制下，四大国有商业银行的风险主要由政府承担，往往是银行在业务中积存了大量的风险后，由政府一次买单。这种治标不治本的做法不能从内部改善银行的风险管理机制。

从我国商业银行目前的组织架构看，虽然各家银行都在努力加速推进风险管理体制的改革，积极进行组织结构的调整，但是由于难度大、阻力多，很难一蹴而就。除了一部分商业银行实施了组织结构调整，形成了事业部制的雏形外，大部分商业银行还主要依靠总行—分行—支行的直线职能组织结构平台。纵向看，共分为总行、一级分行、二级分行、支行、分理处（储蓄所）5 个层次；横向看，除基层网点外，每层机构几乎都有办公室、风险管理部、公司金融部、个人金融部、会计部和人力资源部等部门。分支行作为利润考核单元直接负责一线工作，总行由上至下的各职能部门负责发布信息、审查和协调工作。这种结构一方面使得总行难以对其分支机构的经营施加直接的影响，另一方面由于信息传递链条太长、市场反应速度太慢、风险控制能力逐渐弱化，导致决策效率低下。

与业务部相比，风险管理部并未有较高的地位。由于现行的考核制度往往是众多部门相互打分，若风险管理部对业务部的工作控制过严，就极易招致业务部门的抵制，要想独立开展风险管理工作很难。完全垂直的体制还没有完全形成，还没有形成横到边、竖到底的全面和全方位的风险管理架构。

（3）风险管理方法比较落后，信息技术的运用相对滞后。长期以来，我国商业银行在风险管理方面表现出明显的传统风险管理模式特征：注重主观性定性分析，经常运用经验分析方法，欠缺量化分析手段。在信用风险控制过程中重视贷款投向合规性和运行安全性，在风险识别、度量、监测等方面严重缺乏客观性、科学性。与国际先进银行大量运用数理统计模型、金融工程等先进方法相比，我国商业银行的风险管理方法比较落后。

我国商业银行在风险管理信息系统建设和信息技术运用上严重滞后，不仅风险管理所需要的大量业务信息、市场信息缺失，而且无法建立相应的资产组合管理模型和各种风险管理模型，无法准确掌握风险敞口，不能把先进的风险管理技术运用到业务发展及风险管理当中。同时，信息失真、基础数据储备不足、来源渠道单一、财务数据不真实、数据形式缺乏规范性等问题直接影响到风险管理的决策科学性，也增加了风险管理方法量化的困难。

（4）缺少风险管理人才。信用风险的度量和管理需要专业的风险管理人员，需要具有扎实的经济学、金融学、经济计量分析等相关学科的理论基础以及丰富的从业经验的多元化复合型人才。我国商业银行尤其是国有商业银行虽然拥有数额庞大的员工队伍，但是专业化程度普遍偏低，风险管理的专业人才严重匮乏。

（5）社会信用基础缺失，金融生态环境较差。目前，我国的公司和个人征信服务才刚刚起步，还没有构建起完善的征信系统。这就增加了银行对其客户进行信用审查的成本。社会信用意识与信用道德规范的普遍缺乏也增加了银行风险管理的难度。新资本协议强调通过规范化的信息披露加强市场和投资者对银行经营管理的约束和监督，但我国银行业信息披露还很不规范，外部监管措施也相对简单，市场约束也远远没有发挥作用，金融生态环境有待改善。

3.3 本章小结

本章阐述了3个巴塞尔资本协议对商业银行信用风险管理的不同要求，分析了各协议对银行信用风险管理的影响，梳理了改革三十年我国银行业取得的伟大成就，并对目前我国信用风险管理的现状进行了总结及其与《巴塞尔资本协议Ⅲ》之间的差距。得出结论：目前加强信用风险管理十分重要、必要和迫切。我国银行业必须在适应实施《巴塞尔资本协议Ⅱ》的同时，根据《巴塞尔资本协议Ⅲ》提出的新的监管要求和指导原则，制定长远的、前瞻性的发展战略，引导银行业的改革与建设，指导银行业的信用风险管理。

第4章 基于主成分 Logistic 模型的
单笔贷款违约率度量研究

　　银行信用风险度量一方面需要满足银行的实际需要，另一方面要得到监管当局的认可。近年来，商业银行开始越来越多地使用信用风险度量模型进行信用风险度量，特别是《巴塞尔资本协议 II》所提出的基于内部评级的经济资本测度。

　　经济资本是指在给定的时间内及一定的置信水平上，银行为抵御其非预期损失事先计提的风险资本。经济资本是商业银行风险度量需要寻求的最重要指标之一，据此银行可以确定维持经营需保有的资本水平。在经济资本度量的基础上，将经济资本按照一定的标准分配到银行的各项产品中去，即进行经济资本限额的分配，再结合单笔贷款成本预算，最终可获得经风险调整的资本收益率（RAROC）这一重要指标。经济资本和 RAROC 是信用风险度量最后需要寻求的结果，是风险度量最为核心的两个概念。

　　将经济资本度量与信用风险管理有机地结合起来，建立一个更有效的经济资本管理系统，是我国商业银行需要解决的现实问题。

　　经济资本度量是一个过程。首先需要对单笔贷款的违约概率、违约损失率、违约风险敞口 3 个参数进行度量，计算单笔贷款的预期损失（EL_i）和非预期损失（UL_i），然后再综合行业、区域贷款的集中度、宏观经济形势等因素，进行违约相关性度量，进而计算贷款组合的预期损失（EL_p）和非预期损失（UL_p），最后获得经济资本和 RAROC 度量值。以这两个度量结果为依据，银行不仅可以进行有效的贷款定价管理、贷款组合优化管理、贷款的拨备计提管理和资本管理等，还可以体现资本追求收益和分摊风险的原则，实现资本的高效配置，进而实现股东收益最大化目标。

从本章开始，将沿着上述系统化流程，对银行信用风险度量和管理的各个环节进行详细研究。对单笔贷款的违约率度量和贷款组合的非预期损失度量进行实证研究；在银行信用风险度量的基础上，对如何利用计量结果进行更有效的信用风险管理进行深入的探讨。对整个度量和管理流程，试图找到一套虽然浅显但却能快速运用到银行具体实践中的实用可行的度量办法，形成一个完整的信用风险度量和管理体系。

本章将在对单笔贷款的违约率、违约损失率、违约风险敞口 3 个参数的度量方法及单笔贷款预期损失和非预期损失的计算进行详细讨论的基础上，选择基于公司财务数据的主成分 Logistic 回归方法构建违约率度量模型，用于商业银行对其仅具有财务数据的非上市公司贷款的违约率度量。

4.1 单笔贷款信用风险的度量方法

4.1.1 单笔贷款预期损失和非预期损失计算公式

对于单笔贷款，通常用超过一年的损失均值和标准差描述其损失分布。损失均值通常被称为预期损失 EL，损失的标准差通常被称为非预期损失 UL。预期损失可以理解为过去数年，风险敞口相当、信用评级相同、安全性类似的客户损失的平均值，可以看成是银行的运营成本。预期损失不是风险，非预期损失才是对银行面临风险大小的描述。

如果以单笔贷款是否发生违约作为划分标准，年终时，该笔贷款要么违约，要么不违约，对应的概率分别为 P 和（1−P）。年终时，若贷款违约，违约损失将等于违约风险敞口 EAD 乘以违约损失率 LGD；若贷款没有违约，违约损失将为0。违约状态分布见表4-1：

表4-1 违约状态分布表

贷款信用状态	概率	违约损失
违约	P	EAD×LGD
不违约	1-P	0

单笔贷款的预期损失 EL 等于两种状态下损失与其发生的概率乘积之和。

$$EL = P×EAD×LGD+ (1-P) ×0$$
$$= P×EAD×LGD \tag{4-1}$$

非预期损失即损失的标准差 UL 等于每种损失值同损失均值之差的平方与对应状态的发生概率加权平均后取平方根。

$$UL^2 = P×(EAD×LGD-P×EAD×LGD)^2+ (1-P) ×(0-P×EAD×LGD)^2$$
$$= (P-P^2) ×(EAD×LGD)^2$$

取平方根后，单笔贷款的非预期损失为：

$$UL= \sqrt{P-P^2} ×EAD×LGD \tag{4-2}$$

利用公式（4-1）和公式（4-2）计算单笔贷款预期损失和非预期损失时必须知道 3 个参数：贷款违约概率（PD）、违约损失率（LGD）和违约风险敞口（EAD）。单笔贷款的预期损失和非预期损失完全由这三项决定，所以这三个参数非常重要。当假定 LGD 和 EAD 固定不变时，单笔贷款的预期损失和非预期损失将主要取决于对违约概率的度量，所以本文在实证研究中将重点讨论违约概率的度量方法。

当 LGD 和 EAD 发生变化时，预期损失与非预期损失的计算参见公式（4-3）和（4-4）（公式中 L 表示违约损失率，E 表示违约风险敞口）。

$$EL = P × \iint_{S\,E} LEpr(L,\ E)dLdE + (1 - P) × 0 = P × \bar{L} × \bar{E} + \sigma_{L,\ E}^2$$
$$= P × \bar{L} × \bar{E} + \sigma_{L,\ E}^2 \tag{4-3}$$

$$UL= \sqrt{(P-P^2)\ \bar{L}^2\bar{E}^2+P× (\sigma_L^2\bar{E}^2+\sigma_E^2\bar{E}^2+\sigma_E^2\sigma_L^2)} \tag{4-4}$$

其中：pr（L，E）表示在违约发生的情况下 LGD 和 EAD 的联合概率密度函数，$\sigma_{L,E}^2$ 表示 LGD 和 EAD 的协方差。

事实上，公式（4-3）和（4-4）比公式（4-1）和（4-2）只是多了 LGD 和 EAD 的协方差项，若 LGD 和 EAD 的相关系数为 0，则两组公式一致。假定 LGD 和 EAD 不变时，所得的预期损失和非预期损失计算公式（4-1）和（4-2）是目前最常用的，也是最简单的。

4.1.2 单笔贷款违约风险参数度量方法

1）违约概率的度量方法

违约概率度量是指银行基于债务人的公开数据和相关知识，进行定性分析、定量计算，预测借款人的违约概率。传统上，为了评估客户能否正常偿还贷款，银行职员往往通过走访客户、增加同客户间的交流等方法来确认客户的可信度。即使现在，某些地区性银行或一些欠发达国家的银行仍在使用这种方法。那些相对处于国际领先地位的银行，则拓宽了了解客户的方式和方法，在定性分析的基础上运用定量分析方法对贷款人的信用状况作出评估。最常用的违约概率度量方法大致有以下 3 种：基于历史数据的专家信用评级方法、基于财务报表数据的违约概率度量方法、基于资本市场数据的违约概率度量方法等。

（1）基于历史数据的专家信用评级方法。使用专家信用评级方法去估计客户的违约概率，首先需要定义一系列客户信用分类级别，以便未来目标客户能够对号入座。然后根据目标客户的具体情况，将其归类到不同的信用级别，最后依据各信用级别客户的历史数据，计算该信用级别客户的平均违约概率。其中难度最大的是如何将具体客户归类于不同的信用级别。

专家信用评级法依赖于一批训练有素的专家的个体常识和主观判断甚至直觉将具体客户归类于不同的信用级别。专家通常是银行内部负责信用评级的职员，或是信用评级机构里的信用评级人员。这些评级人员收集所有可以收集的客户信息，在整理、甄别、分析之后，提出自己的评级意见。

专家对借款人的信用评价通常从 5 个方面展开，即借款人的道德品质（character）、还款能力（capacity）、资本实力（capital）、担保（collateral）和环境条件（condition），常被称为 5C 法。也有的银行将专家信用分析中所强调的内容归纳为 5W 要素，即借款人（who）、借款用途（why）、还款期限（when）、担保物（what）及如何还款（how）等。无论以哪些标准对借款人进行判断和权衡，专家评级方法都高度依赖于专家的个人素质和经验，这使得信用分析的结果因人而异，主观偏差大，缺乏一致性，难以对专家意见进行比较，也难以对专家的评审过程进行监控，并最终可能影响风险控制的效果。

但是需要指出的是，尽管专家信用评级存在上述问题，但成长于实践过程、基于长期经验与教训积累的专家意见对于很多银行及一些贷款业务仍是非常宝贵而不可或缺的。

（2）基于财务报表数据的违约概率度量方法。基于财务报表数据的违约率预测的基础方法主要有三类：判别分析、回归分析和人工智能方法。

判别分析（discriminant analysis）是指根据对已知的违约、非违约的样本公司进行分类构成若干个等级，由这些等级的特征找出一个或多个判别函数用于判别任一被考察对象应判属的等级，并检验这些等级在所测量的指标变量上是否存在显著差异。该方法通过对一些财务指标进行组合得到一个输出结果，再对这个输出的结果进行分段判别，从而得到对应的信用级别。

最简单的情况是将样本仅划分为两个不同的等级，如好与坏、高与低或正常与危机等。如果将所有样本只区分为好坏两个等级，那么只需利用判别分析找出一个判别函数。如果实际的划分不止两个等级，就需要估计出一个以上的判别函数，对多个等级进行判别。如果共有 N 个等级，K 个区别变量，则最多可找出 N-1 个或是 K 个判别函数（取二者较小者）。

简单地说，每个被观察对象都有一个使其归属于某一级别的判别函数。如果 z_j 可由多个自变量所组成的线性函数表示，即：

$$z_j = \beta_0 + \sum_{i=1}^{m} \beta_i X_{ij} = \beta_0 + \beta_1 X_{1j} + \beta_2 X_{2j} + \cdots + \beta_m X_{mj} \tag{4-5}$$

则称为多元线性判别分析（LDF）。

在 LDF 中，当自变量 K=2 时，分组界线是一条直线；当 K=3 时，分组界线是三维空间中的一个平面；直至 K=n 时，分组界线是一个 n

维空间中 n-1 构面的超平面。LDF 的基本思想是把两个等级散布在 n 维空间中的所有样本点，投射到一个函数上，若这个函数能使两组的点在各自所属等级中分布得越密、组与组彼此间越分开，就越好。判别分析不是回归模型，判别分析所使用的原理不是最小化误差平方和，而是依靠最大化"组间方差"与"组内方差"的比率来实现这一愿望。[①]建立判别函数需要选取那些能够产生组间最大均值差异的自变量进行线性组合。

线性多元判别分析模型虽然具有相当不错的功能，但是后来已很少单单只利用这种方法进行分类或是预测的了。其主要原因是线性多元判别分析模型存在几个限制：第一个是不同等级必须可以用线性函数进行有效判别。在复杂的 N 维空间中，能否可以利用简单的线性函数划分等级，确实让人有所疑虑。第二个是要求自变量服从多元正态分布。由于判别分析模型中所使用的变量绝大多数都是财务比率，而许多学者对财务比率是否服从多元正态分布的检验结果表明：财务比率大都违反正态假设。第三个是协方差矩阵相等的假设。危机公司财务比率的变异与正常公司极可能大不相同，不同级别间协方差相等的假设一般并不能满足。

鉴于以上原因，后来的研究逐渐向以概率为核心的方法转变。以概率为核心的方法是指不硬将样本一分为二判定公司的信用等级，而是转向研究某公司发生财务危机的可能性大小，或者成功相对于失败的概率如何。基于财务报表数据的多元回归分析、线性概率模型、Logistic 回归模型和 Probit 模型等都可以实现这一目标。[②]

另外随着信息技术突飞猛进的发展，也有另一派学者放弃了传统的统计模型，转向依赖大量计算的类神经网络，或是改为采用与传统逻辑方法截然不同的另一种模糊逻辑所发展出来的模糊方法进行违约率的预测研究。

（3）基于资本市场数据的违约率度量方法——KMV 方法[③]。KMV

---

① 这里"组"是由违约和未违约两部构成的。
② 关于 Logistic 模型回归度量原理及估计方法将在 4.2 中详述。
③ 关于 KMV 模型度量原理及方法将在 5.1 中详述。

模型属于期权定价模型，是期权理论在信用风险管理领域的创新性运用。该模型的原理是于 1974 年由默顿提出的。在期权定价理论下，贷款被解读为期权交易。银行向借款人发放贷款，相当于向借款人卖出了一份期权。这份期权的执行价是贷款的负债额，标的物是借款人的资产。贷款之所以可以理解为期权，是因为贷款发放后，贷款偿还与否是由借款人决定的，确切说是由借款人的资产市场价值决定的。在债务到期日，如果公司资产的市场价值高于公司债务值（即执行价），公司将选择偿还贷款；在债务到期日，如果公司资产的市场价值低于公司债务值，公司将选择违约。因为在这种情况下，公司宁愿将股票资产全部转让给债权人，也不愿意再筹集新的资金抵偿债务。因此贷款的违约率就等于到期时借款人资产价值低于其债务值的概率。由于资产价值难以直接观测，而其股权价值在市场是可以直接观测到的，根据公司资产价值与股权价值的关系式可以计算得到公司的资产价值，从而计算公司违约率。

运用 KMV 模型计算公司违约概率的基本程序为：先测算借款人资产的市场价值及其波动率，再计算借款人的违约距离，最后将违约距离转换为违约率。

KMV 模型以期权定价理论为基础，对所有股权公开交易的公司和银行的违约可能性都能做出预测。它代表了一种利用股票市场信息来为债务估值的创新方法，是现代信用风险管理模型的重要特征，因此在信用风险评价领域享有重要地位。

表 4-2 对几种常用的违约率度量方法的数据要求、依据原理和优缺点进行了简单的评价。

本章在实证部分选择了简单、操作性较强、预测精度高的基于财务数据的 Logistic 模型构建违约率度量模型，用于商业银行对其非上市公司贷款违约率度量；选择具有坚实的理论基础、依据市场数据的前向预测的 KMV 模型构建违约率度量模型，用于商业银行对其上市公司贷款违约率度量。

2）单笔贷款违约风险敞口（EAD）估计方法

违约风险敞口由违约发生时未偿还的贷款余额决定。

表 4-2 　　　　　　　　 几种常用的违约率度量方法评价表

模型名称	主要提出者	数据要求	依据原理	简要评价
判别分析	Altman（1968）	财务数据	统计模型	简单，操作性较强，预测精度较高；样本是否符合统计假设是一个严重的问题，结果滞后，缺乏理论基础使得模型不稳定
Logistic 模型	Martin（1977）	财务数据	统计模型	
Probit 模型	Ohlson（1980）	财务数据	统计模型	
神经网络模型	Tam（1991）	财务数据	神经网络技术	预测精度较高，但缺乏理论基础，结果滞后且难以解释
KMV	穆迪公司	股价数据	期权定价理论	前向预测，而且具有坚实的理论基础，但仅限于衡量上市公司

对于单笔贷款，其 EAD 是由贷款协议中分期付款比例决定的，即 EAD 取决于违约时刻客户未偿还的贷款数额。在计算单笔贷款的预期损失时，如果假定 EAD 不变，通常取本年平均未偿还贷款余额的近似值。

授信额度是预先确定的最大放款金额，客户可以根据实际需要在此限额内使用资金。授信额度的 EAD 由违约发生前客户对贷款资金的使用情况决定，因此银行很难非常准确地确认授信额度的 EAD。

在实际操作中，银行应该建立自己内部使用的授信额度 EAD 分析机制。相应机制需要由银行的历史数据确定。需要采集的数据包括：公司违约历史，违约时公司的信用评级、其授信额度的使用情况和追加使用额度在未使用额度中占比等。

Elliot Asamow 和 James Marker 在《美国公司贷款市场的绩效表现》一文中提出用授信额度平均使用余额加上出现违约时的追加使用度量 EAD：

$$EAD = T\left[\bar{E} + (1-\bar{E})\, e_d\right] \tag{4-6}$$

其中：T 是总授信额度，$\bar{E}$ 是平均使用额度占比，e_d 是出现违约时对未使用额度的追加使用。表4-3是根据 Elliot Asamow 和 James Marker（1994）的研究结果整理得到的。

表4-3　　　　　　　　授信额度的违约风险敞口统计表

信用级别	平均额度 利用率	追加使用额度 在未使用额度中占比	平均违约 风险敞口
AAA	0.1%	69%	69%
AA	1.6%	73%	73%
A	4.6%	71%	72%
BBB	20.0%	65%	72%
BB	46.8%	52%	74%
B	63.7%	48%	81%
CCC	75.0%	44%	86%

资料来源：摘自 Elliot Asamow 和 James Marker（1994）.

表4-3 表明 EAD 的多少同最初的信用评级密切相关。

3）单笔贷款违约损失率（LGD）估计方法

违约损失率是指客户出现违约时银行损失在风险敞口中的占比。

在实际操作中，根据银行的历史数据可以得到平均回收率的估计，进而可以得到平均违约损失率。为了更精确地计算非预期损失，还需要估算违约损失率的标准差。平均损失率常常容易得到，违约损失标准差根据方差的定义计算。

Carry、Hamilton（1998）考察了银行数百比出现违约的贷款回收过程，利用回收额的净现值得出违约贷款回收率概率密度函数估计，结果显示回收率非常不稳定，分布函数呈明显的不对称。回收率均值和标准差分别为70%和23%。

Carty、Hamilton（1998）等人调查了抵押对回收率的影响，各种形式抵押贷款的平均回收率和标准差分别为83%和24%。

标准普尔的 Karen Van de Castle（1999）等人通过实证研究揭示银行贷款的平均回收率和标准差分别是84%和25%。银行贷款回收率高于债券，获得担保的优先债券的最高回收率为84%，而次级债券的最低回收率为14%。由此可见，贷款结构对整体风险有重要影响。

贷款客户所属行业对回收率也有影响。Edward I. Altman 和 Vellore

M. Kishore（1996）通过实证研究得出了不同行业贷款违约回收率情况，其中公共事业客户贷款平均回收率和标准差分别为70%和19%。

4.1.3　单笔贷款信用风险度量算例

如果获得了单笔贷款的违约概率、违约损失率和违约风险敞口3个参数，就可以计算单笔贷款的预期损失与非预期损失。本节以一个算例说明单笔贷款的 EL 和 UL 的3种计算方法。

假设银行给一家公共事业公司贷款，该公司的信用评级为 BBB 级，授信额度为100美元。基于银行历史数据①，BBB 级公司的违约率为0.22%；公共事业类公司的违约损失率为30%。

（1）假定 LGD、EAD 两个参数不变、只有违约概率变化。由于假设违约风险敞口 EAD 和违约损失率 LGD 固定不变，所以 EL 和 UL 完全由违约概率决定。根据公式（4-1）和（4-2），可计算 EL 和 UL 的结果：

$$EL = PD \times EAD \times LGD = 0.0022 \times 100 \times 0.3 = 0.066 （美元）$$

$$UL = \sqrt{P-P^2} \times EAD \times LGD = \sqrt{0.0022 - 0.0022^2} \times 100 \times 0.3 = 1.41 （美元）$$

（2）假定只有 EAD 不变、违约概率和违约损失率变化。如果在违约风险敞口 EAD 和违约损失率 LGD 中引入不确定性，那么预期损失与非预期损失的结果由公式（4-3）和（4-4）计算得到。

由于假定 EAD 为常数，所以 σ_E 等于0，假设违约损失率与违约敞口的相关系数也为0，损失严重性标准差 σ_S 为19%，则：

$$EL = P \times (SE + \sigma^2_{S,E}) = 0.066 （美元）$$

$$UL = \sqrt{(P-P^2) S^2 E^2 + P \times (\sigma_S^2 E^2 + \sigma_E^2 S^2 + \sigma_S^2 \sigma_E^2)} = 1.66 （美元）$$

（3）假定 PD、LGD、EAD3 个参数都变化。在上述数据的基础上，需要加入平均违约敞口和违约敞口标准差。假设 BBB 级公司在违约时追加使用额度为未使用额度的65%，即 $e_d = 65\%$，只剩下一个未被量化的就是风险敞口的标准差 σ_E 了。以这样的方法度量 σ_E：

假设在授信额度中超出正常使用水平部分的风险敞口为 A，那么在授信额度中追加使用部分的风险敞口标准差大约是给定平均追加使用风

---

① 本算例采用的风险参数见附录3。

险敞口 $\overline{A}$ 在最差情形下的一半，即：

$$\sigma_A = \frac{\sqrt{\overline{A} - \overline{A}^2}}{2} = \frac{\sqrt{0.65 - 0.65^2}}{2} = 0.24$$

总风险敞口的波动率等于追加使用部分的风险敞口的波动率乘以在授信额度中的未使用余额：

$$\sigma_E = \sigma_A \times (1-D) \times L = 0.24 \times (1-40\%) \times 100 = 14.4$$

利用公式（4-3）和（4-4）可得

$$EL = PD \times LGD \times EAD$$

$$= 0.22\% \times (1-70\%) \times 100 \times (40\% + 60\% \times 65\%)$$

$$= 0.052$$

$$UL = \sqrt{(P-P^2)\ S^2 E^2 + P \times (\sigma_S^2 E^2 + \sigma_E^2 S^2 + \sigma_S^2 \sigma_E^2)} = 1.335（美元）$$

银行对单笔贷款信用风险度量的前提是要进行数据收集。选用哪种方法进行预期损失与非预期损失的计算完全取决于银行拥有的数据。经简化得到的第一种单笔贷款计算公式是目前最常用的，算例结果也说明了它的实用性。

单笔贷款违约率、违约损失率和违约风险敞口 3 个参数共同决定着单笔贷款信用风险的大小，对这 3 个参数的准确计量是单笔贷款非预期损失精确计算的基础。

在现代信用风险度量技术中，违约率的度量技术还比较成熟，可以构建多种违约率模型进行实证研究；违约损失率和违约敞口的度量技术还在摸索中，主要依靠银行历史数据的平均值进行计量。本章选择 104 家上市公司组成样本，基于财务数据构建主成分 Logistic 模型，用于商业银行对其只有财务数据的非上市公司贷款进行违约率度量，进而计算单笔贷款的预期损失与非预期损失。

4.2　主成分 Logistic 模型的基本思想和研究方法

1）Logistic 模型基本思想

假设引入一个二分（dichotomous）称名变量 Y 表示公司是否违约，其中 0 表示公司没有违约，1 表示公司违约。X_i（i = 1，2，…m）表示公司是否违约的影响变量（或表示公司的特征指标变量），β_i（$i = 0$，1，2，$\cdots$m）表示该变量对违约的影响。在传统多元回归时，由于因变量 Y 是连续变量，所以：

$$E(Y|x) = \beta_0 + \sum_{i=1}^{m} \beta_i X_i \tag{4-7}$$

其中 E（Y|x）表示 Y 等于某一个值的条件平均数的期望值，它是 m 个 X 变量的线性方程式。

但当因变量是二分称名变量时，E（Y|x）表示在给定 x 的情况下，Y 会发生（即 Y = 1）的条件概率，E（Y|x）的期望值必须落在 0 到 1 之间，即 $0 \leq E(Y|x) \leq 1$。

此时，若根据样本在自变量 x 的测量值，计算出 E（Y|x）。将 E（Y|x）的值绘制在平面坐标上，则由此构成的概率分布将不再是一条直线，而是一条 S 型曲线。用公式（4-8）表示曲线的方程：

$$f(z_j) = \frac{1}{1 + e^{-z_j}} \tag{4-8}$$

其中 z_j 等于：

$$z_j = \beta_0 + \sum_{i=1}^{m} \beta_i X_{ij} = \beta_0 + \beta_1 X_{1j} + \beta_2 X_{2j} + \cdots + \beta_m X_{mj} \tag{4-9}$$

公式（4-8）说明，当 z 值趋于 $-\infty$ 时，f（z）趋近于 0，当 z 趋于 $+\infty$ 时，f（z）趋近于 1。

称二分称名变量条件平均数的期望值 E（Y|x）所构成的函数 f（z）为 Logistic 函数，用 P_j 表示，即：

$$P_j = \frac{1}{1 + e^{-z_j}} = \frac{1}{1 + e^{-(\beta_0 + \sum_{i=1}^{m} \beta_i X_{ij})}} \tag{4-10}$$

$$1 - P_j = 1 - \frac{1}{1 + e^{-(\beta_0 + \sum_{i=1}^{m} \beta_i X_{ij})}} = \frac{e^{-(\beta_0 + \sum_{i=1}^{m} \beta_i X_{ij})}}{1 + e^{-(\beta_0 + \sum_{i=1}^{m} \beta_i X_{ij})}} \tag{4-11}$$

由于 Logistic 函数不是线性函数，在进行回归分析时，通过计算胜算比（odd ratio），即发生概率相对于不发生概率的强度，或者违约概率相对于没有违约概率的强度等，把 Logistic 函数转换为具备线性的特性。胜算比的计算公式为：

$$odd = \frac{P_j}{1 - P_j} = e^{-(\beta_0 + \sum_{i=1}^{m} \beta_i X_{ij})} \tag{4-12}$$

将胜算比取对数，转换成线性函数：

$$\ln(odd) = \ln\frac{P_j}{1 - P_j} = \beta_0 + \beta_1 X_{1j} + \cdots \beta_m X_{mj} \tag{4-13}$$

上述转换过程称为 Logistic 转换，进行 Logisstic 转换后，利用极大似然法进行参数估计，进一步解释变量间的关系并进行预测。

2）参数估计方法

为了使模型达到最佳，需要找出一组使 P_j 和实际观察获得的违约事件达到最佳拟合的加权系数，即：如果后来的事实证明公司真的出现了违约，其 P_j 值应接近 100%，不出现违约的公司应近乎于 0。通常使用极大似然估计（MLE）对 $\beta_1 \cdots \beta_k$ 进行估计。

构造似然函数：

$$L = \prod_{j=1}^{n} \left[p_j^{y_j} (1 - p_j)^{1-y_j} \right] \tag{4-14}$$

其中：j 是公司标号；p_j 通过 Logistic 函数由预测变量（如财务比率）来确定；$y_j = 1$ 说明公司 j 违约；$y_j = 0$ 说明公司 j 没有违约；n 是估计所使用数据集中的公司个数。

令似然函数 L 的对数最大化，得：

$$\ln(L) = \sum_{j=i}^{n} \left[y_j \ln(p_j) + (1 - y_j) \ln(1 - p_j) \right] \tag{4-15}$$

寻求式（4-15）的最大值就是寻找一个相应的因素集，使违约公司的违约概率最大化而非违约公司的违约概率最小化。这里的各个 P_j 由被估计的系数 $\beta_1 \cdots \beta_k$、第 j 个公司的财务比率 X_{ij} 以及对数函数（Logistic 模型）来确定。

求解上述极大似然问题有几种计算办法（最优化算法），如 Newton-Raphson法、拟 Newton 方法（quasi-Newton）、单纯形法等等。

式（4-9）中的加权系数是固定的，现在只要给出任意一家新公司的数据（X_{ij}），就可以计算其违约概率。

3）主成分分析法

主成分分析法是指从高度相关性指标中提取出主要因素，并根据各要素所含信息的多少来确定变量关系和计算方法，一般不能单独使用，而是用来做数据的预处理使用。本文就是利用主成分分析与 Logistic 回归分析相结合的方法进行违约率度量实证研究。

4.3 基于主成分 Logistic 模型的违约率度量实证分析

4.3.1 样本设计与指标选取

1）样本设计

以 2013 年披露的（即 2012 年年报）52 家 ST 上市公司组成 ST 公司样本组，其中深市 30 家，沪市 22 家。再从沪深两市随机选取 52 家从未被 ST 的上市公司组成对照样本组，总分析样本合计 104 家。选取 104 家样本公司 2011 年、2012 年、2013 年公布的（即 2010 年、2011 年、2012 年年报）连续三年的财务指标数据作为分析指标。

指标体系选取的原则：第一，能够全面反映样本企业的盈利能力、偿债能力（包括流动性、安全性）、运营能力、经营前景即成长性、资本结构状况等财务特征；第二，指标中既有反映企业当前状况的静态指标，也有反映企业财务状况变化的动态指标；第三，引入现金流量指标和企业资本市场数据，因为现金流量直接影响企业的周转能力。所选数据均来自锐思数据库。

2）指标选取

由于引入的初始财务指标多达几十个，所以首先使用剖面分析对样本公司在被 ST 前 3 年的多个财务指标进行对比分析：①计算两组财务指标的平均值和标准差等描述性统计量；②对这两组各年的财务指标分别进行两总体均值 Mann-Whitney（M-W）差异性检验；③对根据 Mann-Whitney 检验结果所确定的指标进行相关性分析。

两个独立样本均值描述性统计与 Mann-Whitney 检验结果见表4-4。

表4-4 两个独立样本均值描述性统计与 Mann-Whitney 检验结果表

类型	变量名称	ST 状态	2010	2011	2012	P 值	p 值	p 值
盈利能力	主营业务利润率	非ST	0.26	0.24	0.22	0.014	0.041	0.000
		ST	0.22	0.21	0.137			
	净资产收益率	非ST	0.07	0.074	0.02	0.012	0.000	0.000
		ST	0.05	0.041	-0.386			
	资产净利率	非ST	0.04	0.038	0.02	0.000	0.000	0.000
		ST	0.02	0.021	-0.09			
	营业利润率	非ST	0.79	0.078	0.04	0.011	0.046	0.000
		ST	0.348	0.043	-0.22			
	销售毛利率	非ST	0.27	0.25	0.24	0.011	0.063	0.000
		ST	0.22	0.22	0.146			
流动性	流动比率	非ST	1.629	1.39	1.42	0.009	0.169	0.004
		ST	1.293	1.29	1.09			
	超速动比率	非ST	0.963	0.79	0.76	0.030	0.099	0.004
		ST	0.690	0.62	0.48			
	总资产周转率	非ST	0.71	0.75	0.77	0.273	0.101	0.001
		ST	0.60	0.61	0.54			
偿债能力	营运资金/资产总额	非ST	0.16	0.105	0.09	0.013	0.178	0.004
		ST	0.05	0.05	-0.036			
	利息保障倍数	非ST	10	23	109	0.000	0.000	0.000
		ST	19	46	-20			
	有形净值债务率	非ST	1.26	1.43	1.7	0.034	0.124	0.002
		ST	1.73	1.97	3.1			
	产权比率	非ST	1.22	1.33	1.41	0.055	0.084	0.004
		ST	2.0	1.94	2.42			
成长性	留存收益/资产总额	非ST	0.09	0.102	0.09	0.010	0.000	0.000
		ST	0.003	0.039	-0.055			
	净资产增长率	非ST	0.28	0.08	0.39	0.024	0.113	0.000
		ST	0.12	0.16	-0.28			
	总资产增长率	非ST	0.33	0.14	0.072	0.574	0.85	0.000
		ST	0.20	0.16	-0.050			
	净利润增长率	非ST	0.307	-0.057	-1.117	0.262	0.019	0.000
		ST	-1.16	0.071	-17.1			
现金流量	现金比率	非ST	0.56	0.43	0.399	0.051	0.030	0.000
		ST	0.36	0.32	0.19			
	现金流动负债比率	非ST	0.119	0.217	0.195	0.262	0.015	0.000
		ST	0.090	0.075	0.008			
	总资产现金回收率	非ST	0.030	0.072	0.064	0.430	0.037	0.000
		ST	0.042	0.026	-0.002			
杠杆比率	财务杠杆效应	非ST	2.22	2.36	2.45	0.109	0.105	0.034
		ST	1.79	3.08	0.48			
	权益乘数	非ST	2.3	2.4	2.51	0.072	0.127	0.003
		ST	3.1	3.0	3.58			
	股东权益比率	非ST	2.4	2.1	5.95	0.073	0.127	0.002
		ST	1.6	1.58	1.17			
资本结构	股东权益与固定资产比	非ST	2.4	2.1	5.95	0.002	0.013	0.000
		ST	1.6	1.58	1.17			
	资产负债率	非ST	1.12	0.49	0.50	0.090	0.081	0.001
		ST	0.53	0.53	0.60			

表4-4 的检验结果显示：

资产净利率、利息保障倍数、留存收益/资产总额 3 个财务指标连续 3 年全部通过了 0.01 的显著性水平检验；主营业务利润率、净资产收益率、营业利润率、股东权益与固定资产比 4 个财务指标连续 3 年全部通过了 0.05 的显著性水平检验；销售毛利率、超速动比率、产权比率、现金比率、资产负债率 5 个财务指标连续 3 年全部通过了 0.1 的显著性水平检验；流动比率、营运资金/资产总额、有形净值债务率、净资产增长率、权益乘数、股东权益比率 6 个财务指标被 ST 前 1 年和前 3 年都通过了 0.1 的显著性水平检验，而在被 ST 前 2 年没有通过 0.1 的显著性水平检验；总资产周转率、净利润增长率、现金流动负债比率、总资产现金回收率 4 个财务指标被 ST 前 1 年和前 2 年都通过了 0.1 的显著性水平检验，而在被 ST 前 3 年没有通过 0.1 的显著性水平检验；财务杠杆效应、总资产增长率 2 个财务指标被 ST 前 1 年都通过了 0.1 的显著性水平检验，而在被 ST 前 2 年和前 3 年都没有通过 0.1 的显著性水平检验。

其中，2010 年 EBIT/资产总额数据不全，而 2011 年、2012 年这个指标都通过了 0.1 的显著性水平检验，2011 年每股收益、每股净资产增长率两个财务指标数据不全，而 2010 年、2012 年这两个指标也都通过了 0.1 的显著性水平检验。

根据 Mann-Whitney 检验结果，本节对三年中至少有两年通过 0.1 的显著性水平检验的 24 个指标又进行了相关性检验。最终选取了包括 EBIT/资产总额、营业利润率、每股收益（摊薄）（元/股）、留存收益/资产总额、净资产收益率（摊薄）、每股净资产增长率、净利润增长率、权益乘数、产权比率、有形净值债务率、资产负债率、利息保障倍数、超速动比率、总资产现金回收率、销售毛利率、股东权益与固定资产比率、营运资金/资产总额在内的 18 个变量作为主成分 Logistic 建模最终使用的财务指标。

4.3.2　主成分 Logistic 违约率度量模型构建

指标的高维性及可能存在的高度相关性特点使得如果直接利用这些指标进行违约率建模，不仅复杂，还可能因为多重共线性而无法得出正确结论。因此，本节利用 Logistic 回归进行违约率建模之前，首先对财务指标进行主成分分析。从 18 个财务指标中提取主成分，找

到合理的经济解释，然后再将主成分作为自变量建立 Logistic 违约率
度量模型。

1）主成分分析

（1）主成分分析适应性检验。进行主成分分析时，若引入 p 个变
量，就可以得到 p 个主成分方程，因此变量间必须具备某种程度的相关
性，否则进行主成分分析的结果将无助于纬度的减缩。Bartlett（1951）
提出的针对变量间相关矩阵的球形检验法（sphericity test）以及 Kaiser
（1970，1974）提出的抽样适足性指数检验法（KMO）可用于检验变量
间的相关程度是否适合进行主成分分析。主成分分析适应性检验结果见
表4-5。

表 4-5　　　　　　　　主成分分析适应性检验结果表

KMO 样本适应性检验		0.736
Bartlett 球形检验	卡方	1 997.484
	自由度	153
	P 值	0.000

根据表 4-5 可知，Bartlett 球形检验拒绝了变量间不相关的假设，
KMO 的值为 0.736，也表明本节所选样本适合进行主成分分析。

（2）主成分的提取。利用 SPSS 软件对所选财务指标进行主成分分
析，可以得到主成分以解释原有财务指标。根据表 4-6 可知，当主成
分的数量为 5 个时，累计方差贡献率达到 78.055%，表明此时接近
80% 的原有变量信息被保留。由碎石图 4-1 也可看出，当提取 5 个主成
分后，初始变量的信息被大部分保留。所以本节提取 5 个主成分，并将
主成分载荷矩阵旋转，得到主成分的经济解释。结果见表 4-6 ~ 表 4-8
以及图 4-1。

（3）主成分的经济意义解释。第一个主成分主要由 EBIT/资产总
额、营业利润率、每股收益（摊薄）、留存收益/资产总额、净资产收益
率（摊薄）、每股净资产增长率和净利润增长率构成，反映企业的盈利
能力与成长能力；第二个主成分主要由权益乘数、产权比率、有形净值
债务率和资产负债率构成，反映企业的偿债能力；第三个主成分由利息

保障倍数、超速动比率构成，反映企业的流动性与短期偿债能力；第四个主成分由总资产现金回收率、销售毛利率、现金流动负债比率构成，反映企业的现金流入能力；最后一个主成分由股东权益/固定资产、营运资金/资产总额构成，反映企业的资本结构。

表 4-6　　　　　　　　相关矩阵特征值表

成分个数		初始相关矩阵特征值			正交旋转后相关矩阵特征值	
		占方差比重（%）	累计比重（%）		占方差比重（%）	累计比重（%）
1	7.109	39.492	39.492	7.109	39.492	39.492
2	2.573	14.293	53.786	2.573	14.293	53.786
3	1.941	10.783	64.569	1.941	10.783	64.569
4	1.411	7.839	72.408	1.411	7.839	72.408
5	1.017	5.647	78.055	1.017	5.647	78.055
6	0.850	4.723	82.779			
7	0.755	4.197	86.976			
8	0.626	3.476	90.452			
⋮	⋮			⋮	⋮	
17	0.042	0.235	99.988			
18	0.002	0.012	100.000			

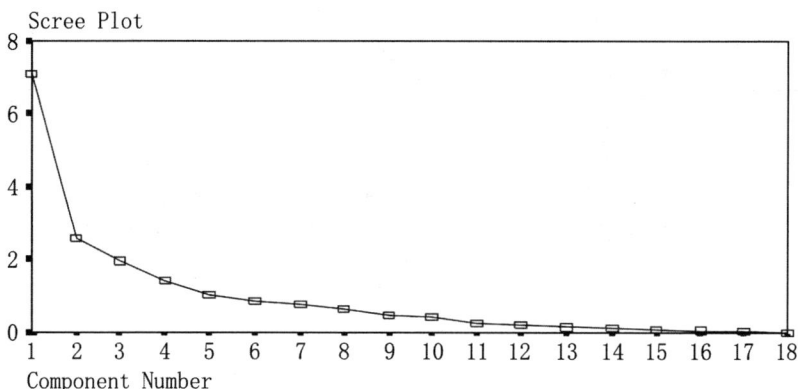

图 4-1　碎石图

表 4-7 主成分载荷矩阵表

	主成分				
	1	2	3	4	5
净资产收益率（摊薄）	0.828	0.062	−0.330	−0.024	−0.193
每股收益（摊薄）（元/股）	0.806	0.310	−0.234	0.025	0.017
EBIT/资产总额	0.804	0.464	−0.229	0.129	−0.040
资产负债率	−0.761	0.430	−0.229	−0.046	−0.211
营业利润率	0.751	0.341	−0.265	0.087	−0.069
产权比率	−0.734	0.550	0.037	0.367	0.024
权益乘数	−0.728	0.561	0.043	0.360	0.024
每股净资产增长率	0.697	0.115	−0.182	0.242	0.023
有形净值债务率	−0.694	0.569	0.046	0.333	0.115
留存收益/资产总额	0.684	0.326	−0.172	0.234	−0.191
营运资金/资产总额	0.612	−0.302	0.154	0.436	0.170
净利润增长率	0.466	0.139	−0.217	0.024	−0.011
总资产现金回收率	0.402	0.534	0.350	−0.422	0.194
利息保障倍数	0.264	0.040	0.724	0.256	−0.301
现金流动负债比率	0.502	0.428	0.650	−0.257	0.016
超速动比率	0.541	−0.197	0.602	0.386	−0.114
销售毛利率	0.314	0.401	0.134	−0.240	0.599
股东权益/固定资产	0.114	−0.340	−0.121	0.434	0.590

表 4-8 正交旋转后主成分载荷矩阵表

	主成分				
	1	2	3	4	5
EBIT/资产总额	0.926	−0.066	0.094	0.250	0.014
营业利润率	0.844	−0.142	0.048	0.166	0.006
每股收益（摊薄）（元/股）	0.828	−0.220	0.038	0.253	0.051
留存收益/资产总额	0.806	−0.050	0.203	0.043	−0.016
净资产收益率（摊薄）	0.804	−0.435	0.024	0.004	−0.043
每股净资产增长率	0.694	−0.188	0.147	0.053	0.221
净利润增长率	0.502	−0.152	−0.031	0.078	0.038
权益乘数	−0.226	0.957	−0.064	−0.041	−0.069
产权比率	−0.230	0.956	−0.067	−0.054	−0.061
有形净值债务率	−0.221	0.935	−0.091	0.036	−0.012
资产负债率	−0.249	0.678	−0.384	−0.163	−0.410
利息保障倍数	0.009	−0.002	0.854	0.091	−0.116
超速动比率	0.165	−0.245	0.847	0.035	0.220
总资产现金回收率	0.231	−0.049	0.131	0.812	−0.231
销售毛利率	0.180	0.011	−0.109	0.774	0.221
现金流动负债比率	0.199	−0.102	0.530	0.730	−0.248
股东权益/固定资产	−0.001	−0.061	−0.043	−0.068	0.818
营运资金/资产总额	0.331	−0.323	0.450	−0.048	0.538

2）主成分 Logistic 违约率度量模型构建

以 5 个主成分作为自变量，构建主成分 Logistic 违约率度量模型。

首先进行参数估计，然后根据参数估计结果进行整体模型与个别参数的显著性检验，最后进行模型评价。

（1）参数估计与检验结果。把主成分分析所确定的 5 个主成分一次全部投入 Logistic 回归分析的参数估计中，估计结果见表4-9。

表4-9 参数估计和模型统计量结果表

主成分	系数值	标准差	Wald 统计量	P 值
FAC1	−2.404	0.507	22.516	0.000
FAC2	0.479	0.284	2.844	0.092
FAC3	−0.171	0.243	0.495	0.482
FAC4	−1.068	0.340	9.865	0.002
FAC5	−0.281	0.252	1.239	0.266
系数	0.233	0.289	0.650	0.420

经 Hosmer-Lemeshow 检验，该模型从整体上看是显著的。检验结果见表4-10。

表4-10 Hosmer-Lemeshow 检验结果表

步骤	卡方	自由度	P 值
1	19.326	8	0.013

Cox-Snell R^2 统计量和 Nagelkerke R^2 统计量的计算值表明，模型解释了被解释变量几乎 60% 的变动，模型的拟合优度比较高。检验结果见表4-11。

表4-11 模型拟合优度检验结果表

步数	滞后二阶极大似然统计量	Cox-Snell R^2	Nagelkerke R^2
1	84.091	0.439	0.585

（2）建立主成分 Logistic 违约率度量模型。综上所述，建立如下的主成分 Logistic 回归模型：

$$P = \frac{1}{1 + \exp\left[-\left(0.233 - 2.404f1 + 0.479f2 - 1.71f3 - 1.068f4 - 0.281f5\right)\right]} \tag{4-16}$$

4.3.3 模型评价

错判矩阵是评价分类判别模型优劣的一种常用的方法。本节建立的主成分 Logistic 违约率度量模型的准确率为 90.4％，其中对低风险公司、高风险公司判别的准确率都高达 90.4%。分类结果见表 4-12。

表 4-12 分类结果表

真实值			预测		
			类型		正确率
			0	1	
步数	52	0	47	5	90.4%
	52	1	5	47	90.4%
	百分比				90.4%

4.4 基于主成分 Logistic 模型实证分析的结论

鉴于违约的历史数据与单个公司的财务数据相关，本章选择 104 家上市公司（52 家 ST 公司和 52 家非 ST 公司）组成样本，依据样本公司财务数据指标，利用主成分 Logistic 回归分析方法构建了主成分 Logistic 违约率度量模型。分析结果发现：

（1）低风险公司、高风险公司判别的准确率都高达 90.4%，模型预测力比较稳定，推广能力比较强。

（2）该模型能将违约和财务数据之间的关系量化表示出来，在该模型中输入任意单个公司的财务数据，就可预测该公司的违约概率。因此商业银行可以应用该模型对仅具有财务报表数据的公司单笔贷款进行违约率度量。

（3）由于目前我国还没有公开使用的贷款违约数据库，所以本章所建主成分 Logistic 违约率度量模型依据的是上市公司财务数据。落实到银行的具体实践中，可以用银行内部贷款数据按照本章的实证方法构建银行内部基于财务数据的违约率度量模型。该方法能否获得成功，主要取决于银行所拥有的数据量及贷款公司财务数据的真实性。

（4）本章所建主成分 Logistic 违约率度量模型，只选取了财务指标构成主成分，可以尝试在财务指标中加入区别力强的定性指标一起建模，以提高模型的估计精度。

4.5　本章小结

在单笔贷款信用风险度量方法研究的基础上，选择主成分 Logistic 模型对单笔贷款违约率度量进行实证研究。

选取我国的 104 家上市公司组成样本，以是否被 ST 或 *ST 作为违约标准，基于公司财务数据指标，并改进了指标的选取方法，建立主成分 Logistic 违约率度量模型。研究结果发现：改进后的指标选取办法增加了模型的稳定性。

主成分 Logistic 违约率度量模型基于公司财务数据指标进行模型构建，商业银行可以用该模型对其非上市公司单笔贷款的违约率进行度量。

第5章 基于 KMV 模型的单笔贷款
违约率度量研究

主成分 Logistic 违约率度量模型是基于公司静态的历史财务数据建立的模型。该方法最致命的缺陷是只能以过去预测未来，不能用未来本身说话，而且运用的前提是要对公司的内部运作状况、资产负债结构有详尽的了解。在商业银行内部，该方法适用于银行对其仅具有财务数据的公司贷款进行违约率计算。如果贷款公司是上市公司且具有资本市场动态数据，那么还可以运用基于资本市场数据的 KMV 方法建立违约率度量模型。

1974 年 Merton 提出可以将期权定价理论应用于公司价值的评估；1980 年初 McQuown 与 Vasicek 研究并改良了期权定价模型，并应用于有关授信与贷款投资组合管理；1989 年 Kealshofer、McQuown 及 Vasicek 在旧金山创办了一家信用风险评估公司，并用他们名字的首写字母命名该公司。随后，KMV 公司开发出了 KMV 模型，又叫违约率预测模型（expected default frequency，EDF）或信用监控模型（credit monitor model）。该模型以期权定价理论为基础，通过计算预期违约频率，对所有股权公开交易的公司和银行的违约可能性做出预测。它代表了一种利用股票市场信息来为债务估值的创新方法，是现代信用风险管理模型的重要特征，在信用风险评价领域享有重要地位。

资本市场可以视为一个评价上市公司的巨大机制。在公司股价的连续变化中蕴含着公司可信度变化的可靠证据。随着我国股票市场的不断成熟和日臻完善，商业银行利用这些现成的、规模庞大的、潜能巨大的信息对其上市公司贷款的违约率进行度量越来越成为可能。

本章在对 KMV 模型的原理和研究方法及运用 GARCH（1，1）波动率建模估计股权价值波动率的方法进行深入研究的基础上，运用 KMV 模型计算分属 5 个行业的 16 家上市公司（包括 8 家 ST 公司和 8 家非 ST 公司）2010—2012 年连续 3 年的违约距离。根据计算的违约距离的结果，首先比较同一行业 ST 公司和非 ST 公司的信用状况差异，然后对上市公司的信用风险状况进行分行业比较研究，最后考察上市公司信用风险状况与宏观经济走势的关系，并检验 KMV 模型对违约概率预测的有效性及其在银行内部操作的可行性。

5.1　KMV 模型原理和研究方法

1）KMV 模型原理

基于股价的欧式看涨期权是一份合约，它赋予持有者在到期日 T 以事先约定的执行价格 X 购买一份股票的权利。在期权到期日，如果股价 S_t 高于执行价格 X，则期权价值就等于 S_t-X；否则，期权价值为零。

KMV 模型的原理是于 1974 年由默顿提出的。默顿（1974）模型是假设存在一个具有最简单资本结构的公司，该公司除了发行股票外，只发行一种一年期零息债券（贷款）。假设公司的资产价值为 V_A，债券面值为 D，公司股票市值即股权价值为 V_E，则 $V_E=V_A-D$。一年后，在债券（贷款）到期日，如果公司的资产价值 V_A 大于公司的债务 D，则公司的股权价值就等于 V_A-D；否则，如果公司的资产价值 V_A 小于公司的债务 D，公司的股票将一文不值，股权价值将为零。

该模型还认为，贷款的信用风险是在给定负债的情况下由债务人资产的市场价值决定的。在债务到期日，如果公司资产的市场价值高于公司债务值（即违约点），公司将选择偿还贷款；在债务到期日，如果公司资产的市场价值低于公司债务值，公司将选择违约，因为在这种情况下，公司宁愿将股票资产全部转让给债权人，也不愿意再筹集新的资金抵偿债务。

综上所述，默顿观点的实质包括两个方面：

一是指出了股权与期权的同构性：正因为股权与期权具有相同的结构，所以可以根据布莱克–斯科尔斯（Black-Scholes）期权定价公式得到公司股权价值与公司资产市场价值的结构性关系：

$$C^E(0) = S(0) \times N(d_1) - X \times e^{-rT} \times N(d_2) \tag{5-1}$$

$$V_E = V_A \times N(d_1) - D \times e^{-rT} \times N(d_2) \tag{5-2}$$

二是指出了企业贷款违约率的度量办法：企业的贷款违约率等于债务到期日公司资产的市场价值低于公司债务值的概率。也就是说要计算违约率，需要先知道公司资产的市场价值，但是由于资产的市场价值不能直接被观测到，而公司的股权价值是可以观测的，所以可以根据公司股权价值与资产市场价值的结构性关系，利用式（5-2）倒推公司资产的市场价值，再计算公司的违约概率。

Black-Scholes 期权定价理论构成了 KMV 模型坚实的理论基础，为 KMV 模型提供了强大的理论支撑。正是基于这样的理论背景，才可以用期权定价的相关理论解决公司的违约率问题。

2）KMV 模型的研究方法

KMV 模型计算上市公司的违约概率包括 3 个关键步骤：

（1）根据公司股权价值的期权特征，利用 Black-Scholes 期权定价公式，由股权价值和股权价值波动率倒推出公司资产的市场价值及其波动率。

股权可以看作是以公司价值为标的、以执行价格为到期债务价值的看涨期权，利用 Black-Scholes 期权定价公式，有：

$$V_E{}^0 = V_A^0 N(d_1) - e^{-r_f t} D_t N(d_2) \tag{5-3}$$

$$其中：d_1 = \frac{\ln\frac{V_A^0}{D_t} + \left(r_f + \frac{\sigma_A^2}{2}\right)t}{\sigma_A\sqrt{t}}, \quad d_2 = \frac{\ln\frac{V_A^0}{D_t} + \left(r_f - \frac{\sigma_A^2}{2}\right)t}{\sigma_A\sqrt{t}}$$

对公式（5-3）两边求导，然后再求期望，得到股权价值波动率 σ_E 和资产价值波动率 σ_A 之间的关系式（约翰等，2001）：

$$\sigma_E = N（d_1）\frac{V_A^0}{V_E^0}\sigma_A \tag{5-4}$$

联立方程（5-3）与（5-4）组成非线性方程组。在此方程组中：$N（\cdot）$ 为标准正态分布函数；V_E，σ_E，D_t，r_f 分别是股权价值、股权价值波动率、违约点、无风险收益率，它们均为已知或者可以从市场上观察的数据计算得到；t 是债务偿还期，是确定的值；资产价值 V_A^0 和资产波动率 σ_A 为未知量。解出这个非线性方程组，即可求出 V_A^0 和 σ_A。

（2）估计违约点，计算违约距离（distance to default）。计算出公司资产价值后，根据公司未来某个时期资产价值分布的不同假定，计算公司违约距离。假设公司未来资产价值呈正态分布，违约距离就等于公司年末资产期望值与违约点之间的差额包含的资产价值标准差的个数，即：

$$DD_1 = \frac{V_t - D_t}{V_0 \sigma_A} \tag{5-5}$$

假设公司未来资产价值服从对数正态分布，则：

$$DD_2 = \frac{\ln \dfrac{V_0}{D} + \left(r_f - \dfrac{\sigma_V{}^2}{2} \right) t}{\sigma_A \sqrt{t}} \tag{5-6}$$

违约距离越大，公司发生违约的可能性越小；反之越大。

（3）根据违约距离，计算理论违约概率。公司也可以基于公司的违约数据库，根据违约距离与预期违约率的映射关系，得出经验预期违约频率（EDF）。

理论违约概率等于 $N（-DD）$，这里 N 是累积正态分布函数。然而，KMV 公司的实证研究表明，用这一方法计算出的违约概率值会明显低估违约概率。实际上解决这一问题的方法是可以建立违约距离与经验违约概率 EDF 的映射关系。具体做法是先按违约距离将所有样本公司进行分类，按分类结果进行评级，在每一级别中的公司，其未来一年的违约频率可表示为：

$$EDF = \frac{m}{n} \times 100\% \tag{5-7}$$

其中：m 表示违约公司的数量，n 表示观察公司的数量。

3）KMV 模型参数的确定方法

KMV 模型的关键参数有：股权价值 V_E、违约点 D、无风险收益率 r_f、时间参数 t、股权价值波动率 σ_E。

（1）股权价值 V_E。一般地，股权价值等于股票价格乘以股票数量。但是由于我国证券市场的特殊性，上市公司股票被人为地分割成流通股和非流通股两部分，由于非流通股的价值不易估算而且一般都低于流通股的价格，所以如果直接按照流通股的价格进行计算，就会高估公司的股权价值。因此，在过去的文献中如何处理这种股权结构的巨大差异，即如何给非流通股定价是关系到实证效果好坏的关键。

进入 2007 年后，随着股权分置改革的陆续到位、大小非的成功解禁，中国股市将不再存在非流通股的问题，因此股权价值的计算将变得没有争议。本文的股权价值等于股票价格乘以股票数量。

（2）违约点 D。在违约点处，上市公司资产的市场价值正好可以抵偿其债务。但是 KMV 公司的研究发现，当公司资产的市场价值等于公司总负债的账面价值时公司一般并不违约。虽然一些公司确实在这一点违约了，但仍有相当一部分公司继续经营并偿还了债务。债务的长期性可以给公司提供喘息的机会。对大量违约公司的观察（主要是采用西方成熟的资本市场数据）结果显示：公司违约发生最频繁的临界点位于公司价值大于等于流动负债加 50% 的长期负债。

（3）无风险利率 r_f。无风险利率使用中国人民银行公布的一年期定期存款利率。

（4）时间参数 t。考虑到与其他文献成果的可比性，设定违约距离的计算时间为一年。

（5）股权价值波动率 σ_E。在 KMV 模型中，股权价值波动率 σ_E 起到重要作用。目前在国内的研究中，大都采用传统的算术平均法计算 σ_E。本文将利用 GARCH（1，1）建模估计股权价值波动率。

传统的历史平均法计算股权价值波动率：

$$r_t = \ln \frac{p_t}{p_{t-1}} \tag{5-8}$$

$$\sigma = \sqrt{\frac{\sum_{i=1}^{n}(r_t - \bar{r_t})^2}{n-1}} \qquad (5-9)$$

其中：σ 是股权价值的日波动率、$\bar{r_t}$ 是日收益率、r_t 的平均值、n 是天数。

将公式（5-9）中的股权价值的日波动率转化为股权价值的年化波动率，得：

$$\sigma_E = \sigma \times \sqrt{250} \qquad (5-10)$$

如果收益率序列是平稳的且服从正态分布，可以采用普通的统计方法分析并预测收益率的波动率。事实上对发达国家成熟资本市场的波动性进行的研究结果表明：收益率序列显著不同于独立正态分布，而是表现出明显的有偏性和尖峰厚尾性且条件方差是不断变化的，即收益的波动呈集聚性：有的时期呈一致的高波动，有时呈一致的低波动。这使得普通的统计方法计算股权价值波动率失效，需要寻找针对收益率波动率更好的估计方法。

一个时间序列波动率的建模能改进参数估计的有效性和区间预测的精确度。本文利用条件异方差模型给资产收益率的波动率建模，估计股权价值波动率。

资产收益率序列建立波动率模型的步骤：

第1步：通过检验数据的序列相关性建立一个均值方程，必要时对收益率序列建立一个计量经济模型（如 ARMA 模型）以消除线性依赖；

第2步：对均值方程的残差进行 ARCH 效应检验；

第3步：如果在统计上 ARCH 效应显著，则指定一个波动率模型并对均值方程和波动率方程进行联合估计；

第4步：仔细地检验所拟合的模型，必要时对其进行改进。

大部分资产收益率序列，即使序列相关，也较弱。因此，如果样本均值显著不为零，则建立均值方程从数据中移除样本均值。对于某些日收益率序列，建立一个简单的 AR 模型是必要的。

标准的 GARCH（m，s）模型如下[①]：

设 r_t 为对数收益率序列，令 $a_t = r_t - u_t$ 为 t 时刻的扰动或新息，u_t 的模型称为 r_t 的均值方程。若 a_t 满足：

$$a_t = \sigma_t \varepsilon_t, \quad \sigma_t^2 = \alpha_0 + \sum_{i=1}^{m} \alpha_i a_{t-i}^2 + \sum_{j=1}^{s} \beta_j \sigma_{t-j}^2 \tag{5-11}$$

其中：σ_t 为 σ_t^2 的正平方根，σ_t^2 的模型称为 r_t 的波动率方程，$\{\varepsilon_t\}$ 是均值为 0、方差为 1 的独立同分布随机变量序列。

$\alpha_0 > 0$，$\alpha_i \geqslant 0$，$\beta_j \geqslant 0$，$\sum_{i=1}^{\max(m,s)} (\alpha_i + \beta_j) < 1$（对 i>m，$\alpha_i = 0$；对 j>s，$\beta_j = 0$）[②] 则称 a_t 服从 GARCH（m，s）模型。特别地，m = 1，s = 1，得到 GARCH（1，1）模型为：

$$\sigma_t^2 = \alpha_0 + \alpha_1 a_{t-1}^2 + \beta_1 \sigma_{t-1}^2, \quad 0 \leqslant \alpha_1, \quad \beta_1 \leqslant 1, \quad \alpha_1 + \beta_1 < 1 \tag{5-12}$$

GARCH 模型具有如下的优点：

第一，大的 a_{t-1}^2 或 σ_{t-1}^2 引起大的 σ_t^2，这意味着大的 a_{t-1}^2 会紧跟着另一个大的 a_t^2，这样就会产生在金融时间序列中有名的"波动率聚集"现象；

第二，可以证明，若 $1 - 2\alpha_1^2 - (\alpha_1 + \beta_1)^2 > 0$，则：

$$\frac{E(a_t^4)}{[E(a_t^2)]} = \frac{3[1-(\alpha_1+\beta_1)^2]}{1-(\alpha_1+\beta_1)^2-2\alpha_1^2} > 3 \tag{5-13}$$

从而，GARCH（1，1）过程分布的尾部比正态分布尾部厚。

5.2 基于 KMV 模型的违约率度量实证分析

5.2.1 样本数据选取及参数设定

1）样本数据选取

本节从沪深两市中选取 16 只股票进行实证研究，其中 8 只 ST 股票，8 只非 ST 股票。为保证股权价值计算的统一性和股权价值波动率计算的可行性，首先在 2009—2010 年新被 ST 的 18 只股票中，选择只

---

① Ruey S. Tsay. 金融时间序列分析［M］. 王辉，潘家柱，译. 北京：人民邮电出版社，2009.

② 这里对 i>m，$\alpha_i = 0$；j>s，$\beta_j = 0$.

发行 A 股股票且 2010—2012 年连续 3 年流通 A 股股数等于总股数的有连续交易记录且适合 GARCH（1，1）建模条件的 ST 股票共 8 只。然后在相应的行业板块中，按 3 年每股收益（摊薄）平均值从大到小的顺序选择适合 GARCH（1，1）建模条件的 8 只非 ST 股票进行对比分析。

2010—2012 年 3 年间的每股收益（摊薄）、流动负债、长期负债、每个交易日收盘价、流通股股数、总股数等数据均来自锐思数据库。样本公司选择结果见表 5-1。

表 5-1　　　　　　样本公司代码、名称与行业分布表

股票代码	股票名称	行业代码	被 ST 的时间
000720	ST 能山	D	2009-04-28
000027	深圳能源	D	非 ST
600130	ST 波导	G	2009-04-28
000021	长城开发	G	非 ST
600506	ST 香梨	A	2009-03-12
600962	国投中鲁	A	非 ST
000628	ST 高新	J	2009-05-11
600064	南京高科	J	非 ST
000576	ST 甘化	C	2009-04-20
000598	ST 清洗	C	2010-05-09
000955	ST 欣龙	C	2009-04-27
600860	ST 北人	C	2010-03-19
000023	深天地 A	C	非 ST
000612	焦作万方	C	非 ST
000791	西北化工	C	非 ST
600226	升华拜克	C	非 ST

注：证监会行业代码：A 农林牧渔，C 制造业，D 电力、煤气及水的生产和供应业，G 信息技术，J 房地产业。

2）关键参数的设定

KMV 模型的主要参数有：股权价值 E_0、违约点 D、无风险收益率

r_f、时间参数 t、股权价值波动率 σ_E。

（1）股权价值 E_0。由于本节采用 2007 年以后的股票市场的数据进行实证研究，并且样本公司全部取自总股数等于流通股股数的公司，所以本节采用流通股收盘价格乘以流通股股本数来计算股权价值。

（2）违约点 D。取流动负债的价值加上未偿还长期负债账面价值的一半作为违约点的取值。

（3）无风险收益率 r_f。无风险收益率 r_f 采用中国人民银行公布的当年的一年期定期存款利率，其中：2010 年，$r_f = 0.0275$；2011 年，$r_f = 0.0325$；2012 年，$r_f = 0.0350$。

（4）时间参数 t。考虑到与以往的研究成果进行对比和数据工作量的限制，论文设定违约距离的计算时间为一年，即 t = 1。

（5）股权价值波动率 σ_E。本章利用样本公司的日收益率序列建立 GARCH（1，1）波动率模型，估计股权价值年波动率 σ_E。

5.2.2 实证过程及实证结果

对每一个样本公司，首先利用 Eviews 5.0 计算股权价值波动率，然后利用 Excel 规划求解功能求解非线性方程组，解出公司资产价值及其波动率的值，最后计算理论违约概率。

具体步骤如下：

第一步：下载公司 2010—2012 年每日的收盘价数据，日收益率用相邻两天股价对数的一阶差分来表示，即：$R_t = \ln P_t - \ln P_{t-1}$，其中 P_t 是第 t 日的收盘价，P_{t-1} 是第 t–1 日的收盘价。

第二步：对日收益率序列进行基本统计分析、ADF 检验、相关性检验。根据检验结果，确定日收益率均值方程。

第三步：对收益率残差进行 ARCH 效应检验。确定是否适合采用 GARCH（1，1）模型估计收益率波动率。

第四步：建立 GARCH（1，1）模型，进行参数估计并检验。

第五步：通过 Eviews 的功能模块得到股票收益率的日波动率。分别对所得到的 3 年的股票收益率的日波动率加总求和，计算 3 年股票年波动率的实际值。以一年 250 个交易日为标准对股票年波动率的实际值进行标准化处理，分段计算各年样本公司股权价值年波动率。

第六步：利用 Excel 规划求解功能求解非线性方程组，解得资产价值及其波动率。

第七步：计算违约距离及理论违约概率。

下面以 600860 ST 北人为例，对上述实证过程作具体说明。

ST 北人日收益率的基本统计分析结果如图 5-1 所示。

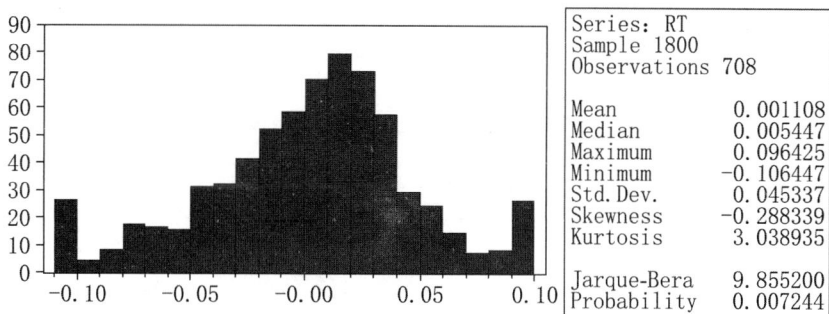

图 5-1　ST 北人日收益率柱状图及其统计特征

根据图 5-1 可知，收益率的峰度（kurtosis）值为 3.0389，大于正态分布的峰度值 3，其偏度（skewness）值为 -0.288，左偏，表明日收益率分布与正态分布相比呈现尖峰厚尾的特征，反映出股市存在暴跌暴涨现象；Jarque-Bera 正态检验统计量为 9.855，也拒绝正态分布。另外从 ST 北人收益率序列走势图 5-2、收益率序列核密度图 5-3，也可以看出收益率的波动很大，呈现出明显的波动聚集特征。

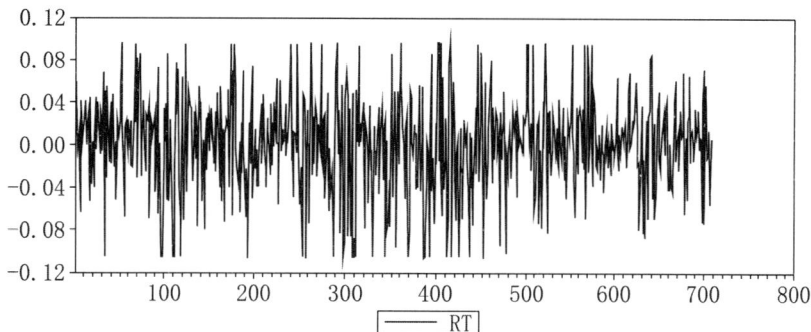

图 5-2　ST 北人收益率序列走势图

对样本的日收益率序列进行 ADF 检验，检验结果见表 5-2。

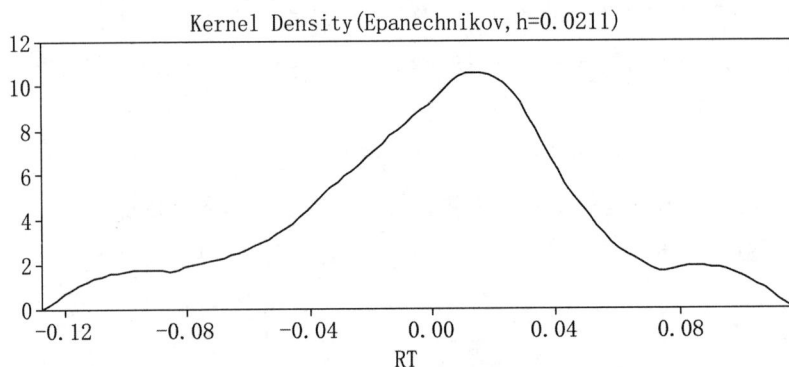

图 5-3 ST 北人收益率序列核密度图

表 5-2 **ST 北人日收益率 ADF 检验结果表**

		t 值	p 值
ADF 检验统计量		−24.0296	0.000
检验显著性水平	1%	−3.4393	0.000
	5%	−2.8654	0.000
	10%	−2.5688	0.000

根据表 5-2 可知，日收益率序列不存在单位根，是平稳的。

对样本公司的日收益率序列进行相关性检验，检验结果见表 5-3。

表 5-3 **ST 北人日收益率序列相关性检验结果表**

阶数	自相关系数	偏自相关系数	Q 统计量	p 值
1	0.101	0.101	7.1999	0.007
2	−0.021	−0.031	7.5056	0.023
3	0.012	0.018	7.6110	0.055
4	0.009	0.005	7.6640	0.105
5	−0.038	−0.039	8.6729	0.123
6	−0.044	−0.037	10.075	0.122
7	−0.014	−0.009	10.225	0.176
8	0.039	0.041	11.339	0.183

根据表5-3可知：日收益率序列存在少许的一阶自相关，建立收益率均值方程时需要引入自相关的描述部分。

对收益率残差进行 ARCH 效应检验，阶数取7，检验结果见表5-4。

表5-4　　　　ST 北人日收益率残差 ARCH 检验结果表

ARCH 检验			
F 统计量	18.76587	P 值	0.000017
Obs* R²	18.33056	P 值	0.000019

表5-4说明日收益率序列存在 ARCH 效应，适合 GARCH（1，1）建模条件。

对日收益率建立 GARCH（1，1）模型，进行参数估计并检验，结果见表5-5。

表5-5　ST 北人日收益率波动率 GARCH（1，1）模型参数估计结果表

GARCH = C（2）+ C（3）* RESID（−1）^2 + C（4）* GARCH（−1）			
	系数	标准差	Z 统计量	P 值
AR（1）	0.098674	0.039367	2.506515	0.0122
方差方程			
C	0.000173	8.14E−05	2.125304	0.0336
RESID（−1）^2	0.094262	0.032515	2.899074	0.0037
GARCH（−1）	0.821399	0.060556	13.56435	0.0000
AIC	−3.3944		SC	−3.3686

根据表5-5得到 AR（1）-GARCH（1，1）模型联合估计的结果如下：

$$r_t = 0.098 r_{t-1}$$

$$\sigma_t^2 = 0.000173 + 0.0942 a_{t-1}^2 + 0.8214 \sigma_{t-1}^2 \tag{5-14}$$

对序列进行 GARCH（1，1）建模后，再对收益率残差进行 ARCH-LM 检验，检验结果见表5-6。根据表5-6可知，当滞后阶数为7时，相伴概率为65%，说明收益率残差序列中的 ARCH 效应已经基本被提取出来了。

表5-6　　　　ST 北人日收益率残差 ARCH-LM 检验结果表

F 统计量	0.719212	P 值	0.655771
Obs* R²	5.055903	P 值	0.653141

在表5-6中，ARCH（1）的系数就是 GARCH 模型中的 α，

GARCH（1）的系数是 GARCH 模型中的 β，根据第 5 章的分析，如果 α+β<1，则说明模型是可预测的。根据表 5-5 的估计结果，α+β = 0.915<1，满足约束条件，而且 C，α，β 均在 0.05 水平下显著。另外，模型的赤池信息准则（AIC）和许瓦兹准则（SC）的值也都比较小，说明模型的拟合效果比较好。以上分析说明该模型能较好地拟合数据。

根据收益率序列所建立的 GARCH（1，1）波动率模型，得到 ST 北人 2010—2012 年 3 年的股权价值年波动率估计结果。通过同样的方法，计算所有样本公司的股权价值年波动率，计算结果见表 5-7。其他样本公司 GARCH（1，1）模型参数及检验结果见附录 1。

表 5-7　样本公司 2010—2012 年股票收益率年波动率计算结果表

股票名称	行业代码	2010 年	2011 年	2012 年
ST 能山	D	0.712	0.743	0.728
深圳能源	D	0.597	0.516	0.557
ST 波导	G	0.624	0.558	0.584
长城开发	G	0.584	0.613	0.582
ST 香梨	A	0.787	0.843	0.734
国投中鲁	A	0.671	0.633	0.624
ST 高新	J	0.638	0.636	0.821
南京高科	J	0.682	0.665	0.767
ST 甘化	C	0.653	0.761	0.665
ST 清洗	C	0.711	0.727	0.681
ST 欣龙	C	0.668	0.950	0.767
ST 北人	C	0.695	0.778	0.853
深天地 A	C	0.658	0.690	0.636
焦作万方	C	0.704	0.758	0.707
西北化工	C	0.724	0.730	0.698
升华拜克	C	0.633	0.750	0.582

注：证监会行业代码：A 农林牧渔，C 制造业，D 电力、煤气及水的生产和供应业，G 信息技术，J 房地产业。

在计算出样本公司股权收益率年波动率后，运用 KMV 模型，使用样本公司每年年末的股权价值、违约点数据，利用公式（5-3）计算得到公司 2010—2012 年的资产价值和资产价值波动率。结果见表 5-8。

表 5-8　　样本公司 2010—2012 年资产价值、资产价值波动率、

违约距离与违约概率计算结果表

股票名称	年份	资产价值（亿元）	资产价值波动率	违约点（亿元）	违约距离 DD_1	违约距离 DD_2	违约概率
ST 能山	2010	74.89	0.494	33.35	1.85	2.67	3.22%
	2011	40.84	0.298	36.08	1.38	1.56	10.56%
	2012	20.55	0.280	34.95	1.25	1.44	11.28%
深圳能源	2010	417.31	0.527	120.85	2.17	3.70	1.5%
	2011	158.05	0.364	95.62	1.59	2.27	5.82%
	2012	160.39	0.450	102.22	1.55	1.68	6.43%
ST 波导	2010	40.97	0.520	3.9	1.74	4.31	4.09%
	2011	32.10	0.503	1.41	1.56	2.83	6.68%
	2012	21.72	0.580	1.14	1.50	1.98	6.64%
长城开发	2010	154.36	0.528	6.07	1.88	3.18	5.37%
	2011	67.17	0.504	17.39	1.64	2.98	5.23%
	2012	62.13	0.522	12.56	1.76	2.57	4.43%
ST 香梨	2010	18.39	0.507	0.665	1.87	6.34	3.07%
	2011	11.569	0.760	0.3	1.13	2.67	11.9%
	2012	10.39	0.887	0.25	1.04	1.97	10.28%
国投中鲁	2010	32.028	0.523	5.29	1.60	3.23	5.48%
	2011	22.93	0.495	5.01	1.33	2.03	9.18%
	2012	21.09	0.447	4.79	1.32	1.94	9.23%
ST 高新	2010	48.43	0.371	20.7	1.55	2.17	6.06%
	2011	23.24	0.205	13.73	1.43	1.92	6.81%
	2012	16.03	0.451	15.16	1.45	1.56	7.34%
南京高科	2010	141.12	0.351	67.46	1.74	2.53	4.09%
	2011	82.23	0.259	52.46	1.70	1.76	8.08%
	2012	68.28	0.332	50.43	1.60	1.80	8.01%
ST 甘化	2010	50.07	0.532	2.96	1.76	5.09	3.92%
	2011	14.4	0.474	1.98	1.27	1.82	10.2%
	2012	21.56	0.567	4.16	1.22	1.78	10.05%
ST 清洗	2010	49.46	0.493	14.23	1.44	2.33	7.49%
	20011	24.97	0.375	6.66	1.32	1.74	9.34%
	2012	9.45	0.578	24.70	1.25	1.88	8.04%
ST 欣龙	2010	21.435	0.469	3.78	1.75	3.51	4.01%
	2011	13.486	0.732	2.15	1.03	1.64	15.15%
	2012	11.96	0.687	3.05	1.12	1.45	16.78%
ST 北人	2010	35.01	0.475	9.67	1.516	2.54	6.43%
	2011	16.18	0.362	3.66	1.22	1.70	11.31%
	2012	13.00	0.364	3.71	1.22	1.67	11.23%
深天地 A	2010	18.25	0.411	7.6	1.54	2.32	6.18%
	2011	7.78	0.356	3.24	1.40	1.46	8.08%
	2012	9.01	0.256	4.15	1.45	1.68	7.09%
焦作万方	2010	148.3	0.64	14.26	1.41	3.38	7.93%
	2011	95.31	0.526	12.62	1.30	1.99	9.68%
	2012	52.19	0.458	18.95	1.33	2.01	8.34%
西北化工	2010	19.5	0.489	3.63	1.66	3.25	4.85%
	2011	14.21	0.455	1.93	1.33	1.92	9.18%
	2012	9.61	0.344	2.44	1.44	2.07	7.89%
升华拜克	2010	41.91	0.388	8.02	2.06	4.13	1.97%
	2011	43.83	0.526	5.28	1.31	2.03	9.51%
	2012	30.45	0.432	4.94	1.54	1.93	9.01%

　　注：表中违约距离 DD_1 和违约距离 DD_2 分别由公式（5-5）和（5-6）计算得到。

较同一行业 ST 公司和非 ST 公司的信用状况，然后对行业间信用状况进行对比分析，最后考察所有公司 3 年的信用状况的变化趋势，得到如下结论：

1）同行业的 ST 公司和非 ST 公司信用状况存在明显差异

（1）对于能源业，ST 能山公司 3 年的违约距离为 1.85、1.38、1.25，都明显低于对照公司深圳能源的 2.17、1.59、1.55，且每年低出约 0.3。在此行业 KMV 模型能很好地区分 ST 公司和非 ST 公司的信用风险状况。ST 能山是 2009 年 4 月 28 日被实施退市风险警告特别处理的，而根据计算结果该公司被 ST 后表现仍不好，两个会计年度的审计结果显示的净利润均为负值，每股净资产仍低于股票面值。由此可见，KMV 模型对该行业的判别能力是相当准确的。

进一步分析发现 ST 能山连续 3 年的股权价值波动率都大于其对照公司，连续 3 年的资产价值波动率却都低于其对照公司，连续 3 年的违约距离都小于其对照公司。较低的资产价值波动率对应着较高的违约概率是因为 ST 能山的资产负债比是深圳能源的 2~3 倍，负债比过大是导致 ST 能山业绩差的主要原因。

（2）对于信息行业，两个公司 3 年的违约距离的差别虽然不是十分明显，但还是位于两个层面。ST 波导 3 年的违约距离为 1.74、1.56、1.50，而长城开发分别是 1.88、1.64、1.76。这两家公司的股权价值波动率和资产价值波动率的差别并不大，甚至在 2011 年 ST 波导的资产波动率 0.503 还低于长城开发的 0.504，但是 ST 波导的资产规模是长城开发的一半，规模是最终导致信用状况存在差别的主要原因。

（3）对于农业，ST 香梨公司的违约距离在 2010—2012 年 2 年都明显低于对照公司国投中鲁，在此行业 KMV 模型能很好地区分 ST 公司和非 ST 公司的信用风险状况。

ST 香梨股权价值波动率连续 3 年都非常高，相应的资产价值波动率也非常高，高资产价值波动率是导致 ST 香梨违约距离最短、违约概率最大的主要原因。

由此可见，KMV 模型对公司信用风险刻画的依据是多方面的、全方位的。该模型不仅考虑了公司股权的波动率、公司资产价值波动率对违约的影响，还充分考虑了公司的资产负债比、资产规模对违约的影响。基于期权定价理论的 KMV 模型把期权定价理论的 5 要素发挥得可谓淋漓尽致。

（4）对于房地产业，由于满足条件的样本公司缺乏，最后 ST 组选择了 2008 年 4 月 21 日首次被 ST 的 ST 高新。其 3 年的违约距离分别为 1.55、1.43、1.45，而其对照公司南京高科的 3 年违约距离尤其在 2010—2011 年两年分别比 ST 高新高 0.19 和 0.27，说明在房地产业违约距离也能很好地区分 ST 公司和非 ST 公司。

（5）对于制造业的四对公司，股权价值波动率及相应的资产价值波动率都很高，仅次于农业类公司，计算所得的违约距离也普遍较小。在 4 家 ST 公司中有 3 家公司 2011—2012 年连续两年的违约距离值都比较小，ST 甘化 1.27，ST 北人 1.22，而 ST 欣龙达到所有样本公司中的最小值 1.03，与其对照组相比其差距还是比较明显。

2）不同行业上市公司的信用状况存在一定的差异

不同行业上市公司的信用状况存在一定的差异，由好到差的顺序是能源、电子、房地产业、制造业和农业类上市公司。

（1）所有样本公司的股权价值波动率都大于资产价值波动率。

（2）各行业上市公司的信用状况存在一定的差别，由好到差的顺序是能源、电子、房地产业、制造业和农业类公司。

（3）违约距离是区别 ST 和非 ST 两类上市公司信用风险的较好指标。

（4）就理论违约概率而言，石晓军（2004）的结论是：72 家样本公司的违约概率非常密集地分布在 10% 以下，分布在 10% 以上的公司占样本的极少数。这个结论提示投资者，如果上市公司的风险中性违约概率大于 10%，它将具有极大的信用风险，在借款时一定要审慎。而本文的实证研究结果表明：每家被 ST 的公司至少有一年的违约概率超过了 10%，而非 ST 公司的违约概率都未超过 10%。

（5）根据公式（5-5）和（5-6）计算所得的违约距离与违约概率对 ST 公司和非 ST 公司的判别结果差别很大，公式（5-5）较（5-6）更合理。在公式（5-6）中，资产负债比在违约距离的计算结果中处于主导地位。一个公司，且不管其他变量的值是多少，只要负债足够低，违约距离就足够大，这显然是不合理的。公司 ST 香梨的计算结果就验证了这个问题。

（6）因这一部分的实证是基于广义条件异方差的信用风险度量研究，而由于很多业绩好的公司没有满足 ARCH-M 检验，即其股票收益率序列比较稳定，不存在明显的波动聚集现象，所以被排除在样本公司之外。事实上本节的实证可以看成是业绩的一般公司与业绩较差的公司的比较结果。可以看出，KMV 模型对这两类公司有较好的判别能力。如果调整股票收益率波动率的度量办法，把业绩好的公司纳入进来，KMV 模型将给出更明显的区分结果。

3）上市公司信用质量的变化趋势与宏观经济走势表现出一致性

将 16 家公司的违约距离分 2010 年、2011 年、2012 年 3 年作图进行对比分析，结果发现：样本公司的信用质量都是 2010 年最好、2011 年次之、2012 年最差，上市公司信用质量的变化趋势与宏观经济走势表现出一致性，如图 5-4、图 5-5、图 5-6 所示。

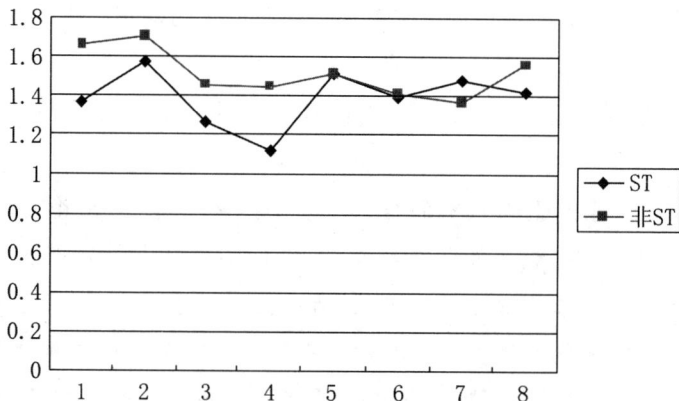

图 5-4　2012 年违约距离对照图（系列 1 为非 ST 公司，系列 2 为 ST 公司）

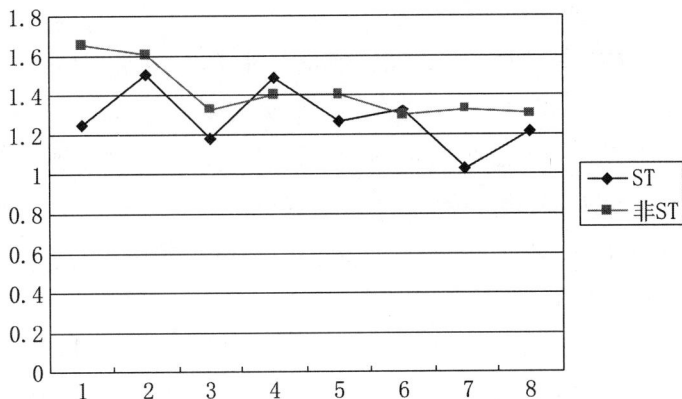

图 5-5　2011 年违约距离对照图（系列 1 为非 ST 公司，系列 2 为 ST 公司）

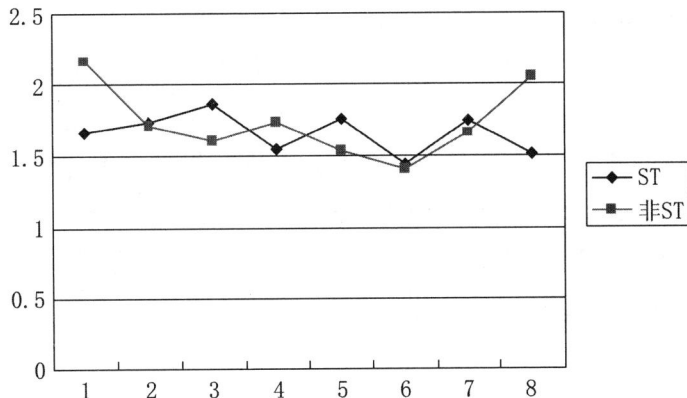

图 5-6　2010 年违约距离对照图（系列 1 为非 ST 公司，系列 2 为 ST 公司）

5.3　基于 KMV 模型实证分析的结论

通过对 KMV 违约率度量模型的理论与实证分析，发现 KMV 模型具有以下优点：

（1）KMV 模型拥有强有力的理论支撑。KMV 模型以默顿模型作基础，以期权定价理论作支撑。

（2）KMV 模型具有前瞻性。KMV 模型以资本市场数据为基础，而不是"历史记载"的账面会计核算数据。资本市场数据更新速度快，可以使用实时的数据计算违约概率，不只是依据客户的历史信用表现，所以具有前瞻性。

（3）KMV 模型所需数据的获取相对容易，数据相对客观、公正，模型操作相对简单。KMV 模型所需的数据均来自上市公司披露的年报和股票的交易价格，这些数据获取容易且数据结构相对客观。另外，由于 KMV 只对数据处理，所以操作相对简单。

（4）KMV 模型不要求市场有效。由于 KMV 模型不要求市场有效，所以 KMV 模型在我国这样弱有效市场的预测效果更好。

（5）从实证结果看，违约距离能较好地区分 ST 公司和非 ST 公司的信用状况。另外，由于违约距离标准化，还可以比较不同行业公司不同年份的信用状况，考察公司信用风险的变化趋势。

基于 KMV 模型实证分析的结论：

（1）KMV 模型适合我国商业银行对其上市公司贷款违约率进行度量。

（2）KMV 模型计算出的单笔贷款的违约概率值都是理论违约概率。由于我国关于公司破产的历史统计数据严重缺乏，本章实证没有根据不同违约距离值的公司的历史违约数据确定违约距离与违约率之间的映射关系，估计预期违约率的大小。

（3）在银行的具体实践中，运用 KMV 模型度量单笔贷款违约率的切实可行的解决办法是把违约距离看成是另外一套评级系统。同其他的信用评级系统一样，可以通过下列调整使之更接近真实的违约概率。其具体操作步骤如下：

第 1 步，收集公司的历史违约数据；

第 2 步，根据实证研究中的方法计算公司的违约距离；

第 3 步，根据所计算的违约距离结果对公司进行分级；

第 4 步，依据评级结果，将公司进行分组；

第 5 步，根据下一年的违约情况，计算每一组公司的违约频率，建立违约距离与违约率之间的映射关系，以此估计预期违约率的大小作为该类级别公司的违约概率。

该方法能否获得成功，完全取决于银行所拥有的历史违约数据量。只有违约样本数据足够多，才可以根据收集的公司历史数据，进行上述

5 步的操作。

（4）股权波动影响资产的波动从而影响违约距离的值。一定程度上，在 KMV 模型中选择合适且灵敏的 GARCH（1，1）波动率模型估计股权价值波动率还是很有意义的。

5.4　本章小结

按行业配比，选取分属 5 个行业的 16 家上市公司（ST 和非 ST 公司各 8 家）组成样本，利用 GARCH（1，1）模型估计股权价值波动率，运用 KMV 模型计算样本公司 2010—2012 年连续 3 年的违约距离。首先比较同一行业 ST 公司和非 ST 公司的信用状况差异，然后对上市公司的信用风险状况进行分行业比较研究，最后考察上市公司信用风险状况与宏观经济走势的关系。

得出结论：在同一行业内，KMV 模型能够很好地分辨出 ST 公司和非 ST 公司信用风险的差异；不同行业上市公司的信用状况之间存在差异，由好到差的顺序是能源、电子、房地产业、制造业和农业类上市公司；对上市公司的信用风险状况进行分行业比较研究，并考察了上市公司信用风险状况与宏观经济走势的关系。

实证研究还发现：在 KMV 模型中，利用 GARCH（1，1）建模估计股权价值波动率，可以提高 KMV 模型的估计精度；KMV 方法可以运用到银行信用风险度量的实际操作之中，具有很强的适用性。

KMV 违约率模型基于公司市场数据，商业银行可以用该模型对上市公司的贷款违约率进行度量。

第 6 章 基于 creditrisk⁺ 模型的
信贷组合信用风险度量研究

在单笔贷款信用风险度量的基础上，本章进行信贷组合信用风险的度量研究。

基于内部评级的信贷组合信用风险的经济资本测度是当今各国银行的共同选择。基于内部评级的信贷组合信用风险的经济资本测度是指在单笔贷款信用风险度量的基础上，选择适当的组合模型计算信贷组合所需的资本金额以支持其非预期损失，该资本金额即经济资本。在获得了单笔贷款信用风险的预期损失与非预期损失之后，如何描述违约相关性以获得组合贷款损失的分布函数是计算经济资本的前提，也是在信贷组合风险度量中最困难的问题。

根据模型所依据的理论体系和关于违约相关性及组合损失分布的基本假设的不同，信贷组合的风险度量模型大致可以分为两类：结构化模型和简约式模型。结构化模型以期权定价理论和公司负债作基础，认为公司的违约风险同公司的资产价值相关联，以资产相关性刻画违约相关性，假设信贷组合损失服从 β 分布，该类模型又被称作协方差信贷组合模型（markowitz mean-variance model）。简约式模型放弃了对公司资产价值和资本结构等的假设，直接对违约事件本身建立模型。以泊松分布为理论基础，采用可观测的历史实际数据估算违约损失的分布，该类模型又被叫做信贷组合的精算模型，其中以信用风险附加法（creditrisk⁺）为代表。除这两类代表性模型外，还有依据信用等级的信用转移矩阵为基础的 J. P. Mogan 风险度量术（credit metrics）、依据宏观模拟的麦肯锡信用组合观点（credit portfolio view）等。

本章在对信贷组合信用风险度量流程的各个环节的理论方法进行详细研究的基础上，选择 creditrisk⁺ 信贷组合风险度量模型对大连市某商业银行 224 笔中小企业贷款数据组成的贷款组合的非预期损失进行实证计算，以检验 creditrisk⁺ 模型的有效性，及其在银行实际操作中的适用性。

6.1 信贷组合信用风险的度量方法

6.1.1 协方差信贷组合度量模型

协方差信贷组合模型（Markowitz mean-variance model）又称 KMV组合信用风险模型。建立协方差信贷组合模型通常分 4 步：

第 1 步，根据单笔贷款预期损失 EL 和非预期损失 UL 定义，推导出信贷组合预期损失 EL_p 和非预期损失 UL_p 的定义；

第 2 步，估计违约相关性；

第 3 步，根据信贷组合的 EL_p 和 UL_p，确定信贷组合损失的概率分布函数；

第 4 步，依据损失的概率分布函数，结合银行既定的目标信用评级，计算经济资本。

1）信贷组合的预期损失和非预期损失的计算公式

信贷组合 EL_p 为组合中各笔贷款 EL_i 之和：

$$EL_p = \sum_{i=1}^{N} EL_i \tag{6-1}$$

信贷组合的 UL_p 为各笔贷款的 UL_i 之和：

$$UL_p{}^2 = \sum_{i-1}^{N} \sum_{j-1}^{N} \rho_{i,j} UL_i UL_j \tag{6-2}$$

假设信贷组合里只有两笔贷款，则 UL_p 为：

$$UL_p{}^2 = UL_1{}^2 + 2\rho_{1,2}UL_1UL_2 + UL_2{}^2 \tag{6-3}$$

其中：$\rho_{1,2}$ 是贷款$_1$与贷款$_2$之间的损失相关系数。

2）损失相关系数估计

损失相关系数的估计最常用的办法有两种：一种是基于银行历史信贷组合损失数据；另一种是基于资产相关性数据。采用哪种方法进行估计取决于可用的数据量。

（1）基于银行历史信贷组合损失数据估计损失相关系数。假设在信贷组合中有两笔贷款，那么该信贷组合的非预期损失 UL_p 的表达式为：

$$UL_p{}^2 = UL_1{}^2 + 2\rho_{1,2}UL_1UL_2 + UL_2{}^2 \tag{6-4}$$

如果已知 UL_p、UL_1 和 UL_2，则两笔贷款的损失相关系数为：

$$\rho_{1,2} = \frac{UL_p{}^2 - UL_1{}^2 - UL_2{}^2}{2UL_1UL_2} \tag{6-5}$$

如果在信贷组合中有多笔贷款，那么信贷组合的非预期损失 UL_p 的表达式为：

$$UL_p{}^2 = \sum_{i=1}^{N}\sum_{j=1}^{N}\rho_{i,j}UL_iUL_j \tag{6-6}$$

假设在组合中每笔贷款之间的损失相关系数相同，即：

$$\rho_{i,j} = \bar{\rho} \tag{6-7}$$

那么，信贷组合的非预期损失就可以表示为[①]：

$$
\begin{aligned}
UL_p{}^2 &= \sum_{i=1}^{N}\sum_{j=1}^{N}\bar{\rho}UL_iUL_j \\
&= \bar{\rho}\sum_{i=1}^{N}\sum_{j=1}^{N}UL_iUL_j \\
&= \bar{\rho}\sum_{i=1}^{N}UL_i\sum_{j=1}^{N}UL_j \\
&= \bar{\rho}\left(\sum_{i=1}^{N}UL_i\right)^2
\end{aligned} \tag{6-8}
$$

如果进一步假设每笔贷款的 UL 也是相等的，就可以得到损失相关系数为：

①　其中一笔贷款与它自己的相关系数等于1，可以证明当组合中有很多笔贷款时，这个假设所造成的影响非常小。

$$\bar{\rho} = \frac{UL_p^{\,2}}{\left(\sum_{i=1}^{N} UL_i\right)^2}$$

$$= \frac{UL_p^{\,2}}{(N \cdot UL_i)^2} \tag{6-9}$$

在获得银行信贷组合层面的历史数据后，根据公式（6-9），就可以估算贷款相关系数。

（2）基于资产相关性数据估计损失相关系数。虽然无法获得违约相关性的市场信息，但是由于可以得到资产相关性数据，所以根据两家公司的净资产或股价相关系数，通过数学计算可以得到损失相关系数。

可以证明：两笔贷款的损失相关系数可以由单笔贷款的违约概率 P_1、P_2 和联合违约概率 $JDP_{1,2}$ 表示[1]为：

$$\rho_{1,2} = \frac{JDP_{1,2} - P_1 P_2}{\sqrt{(P_1 - P_1)^2 (P_2 - P_2)^2}} \tag{6-10}$$

公式（6-10）中的 P_1 和 P_2 可以运用第 5 章单笔贷款违约率度量的 KMV 方法确定，具体过程如下：

利用贷款公司一段历史时期的股价计算平均股权价值 $\bar{V}_E$，并估计股权价值波动率 σ_E，再根据 KMV 模型，将平均股权价值及其波动率转化为平均资产价值 $\bar{V}_A$ 及其波动率 σ_A。假设资产价值 V_A 服从正态分布 $V_A \sim N(\bar{V}_A,\ \sigma_A)$，记 $z_1 = \dfrac{V_{A1} - \bar{V}_{A1}}{\sigma_{A1}}$，$z_1 \sim N(0,\ 1)$，则：

$$P_1 = P(V_{A1} \leqslant D_1)$$

$$= P\left(\frac{V_{A1} - \bar{V}_{A1}}{\sigma_{A1}} \leqslant \frac{D_1 - \bar{V}_{A1}}{\sigma_{A1}}\right)$$

$$= \varphi\left(\frac{D_1 - \bar{V}_{A1}}{\sigma_{A1}}\right)$$

$$= \varphi(-C_1)$$

$$= \int_{-\infty}^{-C_1} \varphi(z_1)\, dz_1 \tag{6-11}$$

$$P_2 = \int_{-\infty}^{-C_2} \varphi(z_2)\, dz_2 \tag{6-12}$$

假设每笔贷款的违约概率服从标准正态分布，则联合违约概率将服

---

[1] 证明过程见《内部信用风险模型》。

从二维标准正态分布。设 z_1 和 z_2 的相关系数为 ρ_A，ρ_A 等于资产之间的相关系数，这两个相关的标准正态随机变量的联合概率密度函数为：

$$\varphi(z_1, z_2, \rho_A) = \frac{1}{2\pi\sqrt{1-\rho_A^2}}e^{-\frac{z_1^2-2\rho_A z_1 z_2+z_2^2}{2\sqrt{1-\rho_A^2}}} \tag{6-13}$$

如果已知 ρ_A，则两笔贷款同时违约的联合概率为：

$$JDP = P(z_1 < -C_1, z_2 < -C_2) = \int_{-\infty}^{-C_1}\int_{-\infty}^{-C_2}\varphi(z_1, z_2, \rho_A)dz_1 dz_2 \tag{6-14}$$

根据公式（6-10），计算贷款的损失相关系数，根据公式（6-1）和（6-2），计算信贷组合的 EL_P 和 UL_P。

（3）确定信贷组合损失的概率分布函数。在协方差信贷组合模型中，假设损失服从 β 分布，则损失（L）的 β 概率密度为：

$$\beta(L) = \frac{L^{a-1}(1-L)^{b-1}}{\int_0^1 L^{a-1}(1-L)^{b-1}dL} \tag{6-15}$$

其中：$a = (1-EL_P)\left(\frac{EL_P}{UL_P}\right)^2 - EL_P$，$b = \frac{a(1-EL_P)}{EL_P}$。

（4）确定经济资本和非预期损失贡献度。经济资本等于最大可能损失减去预期损失，即：

$$EC_P = MPL_P - EL_P \tag{6-16}$$

其中：EC_P 表示组合的经济资本，MPL_P 表示组合的最大可能损失，EL_P 表示组合的预期损失。

组合的最大可能损失与银行希望获得的信用评级相对应，比如一家信用评级为 A 的银行要求其尾部概率只能有 10 个基点，即该银行损失超过最大值点的概率为 0.1%。根据公式（6-15）和银行目标评级，可确定信贷组合的 MPL_P，根据公式（6-16）计算组合的经济资本。

6.1.2 信贷组合的 creditrisk$^+$ 模型[①]

creditrisk$^+$ 模型是瑞士信贷第一波士顿（Credit Suisse First Boston）在 1997 年开发的信贷组合信用风险度量模型。creditrisk$^+$ 模型直接采用历史损失数据去估算信贷组合损失的分布函数，协方差信贷组合模型假

---

① 关于该模型的原理与具体研究方法在 6.2 节中详细阐述。

设损失服从 β 分布，两个信贷组合模型的根本差别是损失分布函数的获取方式不同。

运用 creditrisk$^+$ 模型计算贷款组合非预期损失的方法可叙述如下：

（1）根据一定的标准，将贷款组合中的贷款进行分类。可以以贷款所属的行业或客户所在地为标准，也可以以违约损失规模为标准对贷款组合中的贷款进行分类。其中违约损失规模等于违约率（PD）、违约损失率（LGD）乘以违约风险敞口（EAD）。按违约损失规模分组后，可以得到违约损失金额差不多的贷款分类组。

（2）依据泊松分布原理，确定违约事件个数分布。creditrisk$^+$ 模型的假设前提是：在贷款组合内的每笔贷款违约与否是随机的；每笔贷款的违约概率很小；每笔贷款间的违约概率相互独立。在此假设下，对一组含有 N 笔贷款的贷款组合，违约事件个数将服从泊松分布。

泊松分布的优点在于它只有一个参数——分布的均值 λ，也可叫做预期违约数，而且敞口的数量不在公式中，并且客户不需要具有相同的违约率。另外，组合多个泊松分布时，求解的难度也相对较低。

（3）通过频带的划分，把违约事件个数分布转化成违约损失分布。由于对贷款组合风险进行计量的主要目的是寻求不同损失水平的发生概率，而不是不同违约事件个数的发生概率，所以需要将违约事件个数分布转化成违约损失分布。通过频带的划分，可以把违约事件个数分布转化成违约损失分布。

（4）在贷款组合损失分布的基础上，给定一定的置信水平，可以计算组合的非预期损失即组合的经济资本。

得到了贷款组合的损失分布，给定一定的置信水平，比如99.9%，就可以得到在此置信水平下的最大损失，组合的非预期损失等于在一定置信水平下的最大损失减去预期损失。

在获取贷款组合经济资本的基础上，对每笔贷款进行经济资本的二次分配，还可获得具体每笔贷款的经济资本。

6.1.3　经济资本分配

商业银行信用风险度量研究应该达到两个重要目标：一是需要通过

一些内部信用风险度量模型准确估计并量化包含在银行资产组合中的内部信用风险，以确定银行为防止较大规模信用风险威胁所需持有的经济资本；二是要解决经济资本在每笔贷款中的分配与贷款的风险调整绩效和定价问题。在贷款组合中，根据单笔贷款风险贡献大小实现对经济资本的分配。

1）风险贡献的定义

若贷款组合包含 N 笔贷款 i=1，2…N，则非预期损失为：

$$UL_p = (\sum_{i=1}^{N} \sum_{j=1}^{N} \rho_{i,j} UL_i UL_j)^{\frac{1}{2}} \tag{6-17}$$

其中 $\rho_{i,j}$ 是贷款$_i$和贷款$_j$的损失相关系数。显然，贷款组合的非预期损失并不等于其所包含的单笔贷款的非预期损失的线性总和，即：

$$UL_p \neq \sum_{i} UL_i \tag{6-18}$$

由于分散化效应，贷款组合的非预期损失远小于其所包含的单笔贷款的非预期损失之和，即：

$$UL_p < < \sum_{i} UL_i \tag{6-19}$$

单笔贷款对贷款组合的增量风险就是贷款的风险贡献。根据每笔贷款对贷款组合的风险贡献把经济资本分配给信贷组合中的每笔贷款，根据每笔贷款分配的经济资本计算风险调整收益率。

2）风险贡献的计算

用 RC 表示贷款的风险贡献，则贷款$_i$的风险贡献为：

$$RC_i \equiv UL_i \frac{\partial UL_p}{\partial UL_i} = \frac{UL_i \sum_{j=1}^{N} \rho_{ij} UL_j}{UL_p} \tag{6-20}$$

通过 i 对公式（6-20）求和，得出贷款组合的非预期损失等于所有贷款的风险贡献之和，即：

$$UL_p = \sum_{i} RC_i = \sum_{i=1}^{N} UL_i \frac{\sum_{j=1}^{N} \rho_{ij} UL_j}{UL_p} \tag{6-21}$$

用 ρ_i 表示 $\dfrac{\sum_{j=1}^{N} \rho_{ij} UL_j}{UL_p}$，其中：$\rho_i$ 表示第 i 笔贷款的损失和整个组合损失的相关性，则：

$$UL_P = \sum_i UL_i \rho_i \tag{6-22}$$

公式（6-22）说明信贷组合的非预期损失可以表示成单笔贷款的非预期损失与其相关系数的加权之和。

如果有足够的贷款损失核销情况的数据序列，对于账面上的每一行业都可以算出组合信贷损失的标准差 UL_P，再根据单笔贷款意外损失 UL_i 就可以倒推出平均相关系数，即：

$$\sqrt{\bar{\rho}_s} \equiv \frac{\sum_{j=1}^{N} \rho_{ij} UL_j}{UL_P} \tag{6-23}$$

$$UL_P = \sum_{i=1}^{N} \sqrt{\bar{\rho}_s} UL_i \tag{6-24}$$

其中：ρ_s 表示一个行业的贷款损失和整个组合损失之间的相关性。

信贷组合的非预期损失可以表示成单笔贷款的非预期损失与其相关系数的加权之和。

基于历史数据，判定行业和整个组合之间的平均相关性是银行在实际操作中非常简便易行的度量方法，许多银行最开始都使用该方法。随着时间的推移，当可以提供更多的数据以及更好的处理工具时，才开始使用比较复杂的方法。

计算出每笔贷款的风险贡献之后，将整个信贷组合的经济资本（EC_P）分派给每笔贷款。对于第 i 笔贷款，其经济资本为：

$$EC_i = EC_P \frac{RC_i}{UL_P} \tag{6-25}$$

在获得了一笔贷款所分配的经济资本后，可以进行风险调整收益率（RAROC）的计算。

6.1.4　风险调整收益率度量

银行在考虑是否发放一笔贷款时，除了要关心银行发放该笔贷款所需承受的风险大小，还要关心承担风险所能获得的回报。一笔贷款所需承受的风险大小可以由该笔贷款所分配的经济资本来描述，但是，在决定是否发放这笔贷款时，还需考虑这部分经济资本所能获得的利润。经过风险调整的绩效正是这样一种衡量。

通过风险调整绩效，银行不仅可以确定哪些贷款可以盈利，决定发放哪些贷款，以及每笔贷款的价格，而且还可把风险度量结合到日常的业务收益率管理之中。银行管理层可以以等同的风险承担为基础，核算部门创造利润的多少，以此决定应该扩大或精减哪些业务，也可依此确定员工或团队的奖励，最终实现资本的优化配置。

传统的绩效和风险考核指标包括两个：资产回报率（ROA）和股本回报率（ROE）。ROA 等于银行利润除以资产总值，而 ROE 则是用利润除以账面资本或监管资本。ROA 并未考虑资产的风险因素，而在新的监管资本计算方法出台之前，风险因素对监管资本也并未构成多大的影响，所以以这样的指标为考核标准容易鼓励银行冒更大的风险去追求更高的利润。经过近十几年的努力，银行界已经发展出了以经济资本为基础的、经风险调整的绩效度量指标——风险调整资本收益率（RAROC）。

风险调整资本收益率（RAROC）是唯一反映银行整体风险的业绩评估指标和资本预算工具。RAROC 等于经风险调整后的预期净收益（ENP）除以支持交易所需的经济资本（EC），即公式（6-26）：

$$RAROC = \frac{ENP}{EC} \tag{6-26}$$

其中：ENP 等于利息收入加上手续费收入（F），减去负债利息支出、减去运营成本（OC），再减去预期损失（EL）。

贷款的利息收入等于贷款总额（A_0）乘以贷款利率（r_A），负债的利息支出等于借入款项总额（D_0）乘以借款利率（r_D），需要借入的债务等于贷款总额减去贷款的经济资本。所以，RAROC 可以由公式（6-27）具体计算：

$$RAROC = \frac{A_0 r_A + F - D_0 r_D - OC - EL}{EC}$$

$$= \frac{A_0 r_A + F - (A_0 - EC) r_D - OC - EL}{EC} \tag{6-27}$$

RAROC 通过测算风险指标（经济资本）来体现银行面临的整体风险，这一点对银行极其重要。另外，RAROC 在计算经济利润时，还间接考虑了资本的机会成本，这与传统的评估办法大不相同，代表着一个巨大的进步。

协方差信贷组合模型理论可行，但在银行实践中可操作性差。与其相比，信贷组合的 creditrisk⁺ 模型以严密的数学理论为基础，而且具有输入数据较少、计算复杂度较小、便于在银行实际中应用和推广的优势。目前许多国家的商业银行都利用该模型测度信贷组合的经济资本。另外，该模型的框架与现行的我国商业银行计算贷款准备金的贷款五级分类法也有一定的相近之处，因此国内如果采用该模型度量贷款组合的信用风险，将会与目前我国商业银行采用的各种方法保持相对的一致性。所以本章选择 creditrisk⁺ 模型对商业银行信贷组合的信用风险度量进行实证研究。

6.2 creditrisk⁺ 模型原理与研究方法

1）creditrisk⁺ 模型的原理

creditrisk⁺ 模型是一种典型的违约模型，它对违约的成因不作任何假设，认为违约是一种随机行为，且违约事件彼此独立，所以违约事件个数服从泊松分布。该模型先用泊松分布刻画违约事件个数分布，然后通过频带划分，把违约事件个数分布转换为违约损失分布，最后利用贷款损失分布的递推关系式计算贷款组合损失分布，进而计算贷款组合的非预期损失。

creditrisk⁺ 模型的假设：

贷款组合内的每笔贷款违约与否是随机的；

每笔贷款的违约概率很小；

每笔贷款间的违约概率之间相互独立。

2）creditrisk⁺ 模型的研究方法

（1）根据一定的标准，将贷款组合中的贷款进行分类。以贷款所属的行业或客户所在地为标准，或以违约损失规模为标准对贷款组合中的贷款进行分类。其中违约损失规模等于违约率（PD）、违约损失率（LGD）乘以违约风险敞口（EAD）。按违约损失规模分组后，可以得到违约损失金额差不多的贷款分类组。

（2）依据泊松分布原理，确定违约事件个数分布。在 creditrisk$^+$ 模型的假设前提下，对一组含有 N 笔贷款的贷款组合，用 X 表示在 N 笔贷款中违约的贷款笔数，用 p 表示平均违约概率，则 X 服从二项分布，即：X ~ B（N，p）。二项分布给出 k 笔贷款违约的概率为：

$$P（k）= C_n^k p^k（1-p）^{n-k} \tag{6-28}$$

如果 N 很大，p 很小，根据泊松定理，二项分布将收敛为泊松分布，即：

$$P（k）= \frac{\lambda^k e^{-\lambda}}{k!} \tag{6-29}$$

其中：$\lambda = Np$（λ 是预期违约数）。

因此，在一个由 N 个债务人组成的贷款组合的实证研究中，如果用 P_A 表示债务人 A 的年违约概率，用 μ 表示整个组合一年内预期发生的违约事件个数，则：

$$\mu = \sum_A P_A \tag{6-30}$$

如果每个债务人的违约概率都很小，那么贷款组合一年内发生 n 个违约事件的概率就可以表示为：

$$P（n）= \frac{\mu^n e^{-\mu}}{n!} \tag{6-31}$$

瑞士信贷银行在 creditrisk$^+$ 模型中引入了一个十分重要的概念：概率发生函数 F（z）（probability generating function），该函数通过一个辅助变量 z 来定义：

$$F(z) = \sum_{n=0}^{\infty} P(n) z^n \tag{6-32}$$

把公式（6-31）代入公式（6-32），则贷款组合的违约概率发生函数为：

$$F(z) = \sum_{n=0}^{\infty} P(n) z^n = \sum_{n=0}^{\infty} \frac{e^{-\mu} \mu^n}{n!} z^n = e^{-\mu} e^{\mu z} = e^{\mu(z-1)} \tag{6-33}$$

（3）通过频带划分，把违约事件个数分布转化成违约损失分布。频带的划分是使用 creditrisk$^+$ 模型计算贷款组合非预期损失的关键环节，是从违约事件个数分布向违约损失分布转变的重要基础。

进行频带划分，首先要根据样本数据中的贷款额度选择一个适当的单位敞口规模，然后将每个债务人的敞口规模根据违约概率和违约损失率及单位敞口进行调整，调整后的各债务人的风险敞口等于债务人的敞口规模、违约概率和违约损失率三者的乘积再除以单位敞口规模后取整。最后将调整后的风险敞口划分为若干个频带，并将每一个频带的风险敞口用一个整数近似值表示。

在进行频带划分时，要求每个频带内的贷款笔数不能过少，否则使用泊松分布近似模拟频带内债务人的违约个数分布就会产生误差。国外采用四舍五入或向上取整的办法划分频带，这种频带划分的方法，当样本数据分布不均匀时就会导致某些频带内的贷款数目过少，从而影响违约个数分布的精确计量，进而会导致运用 creditrisk⁺ 信用风险模型计算非预期损失时有可能产生较大误差。

鉴于国外 creditrisk⁺ 模型频带划分办法的局限性，结合本文实证所选贷款组合的特点，本文采用加权平均的方法划分频带。加权平均的频带划分方法是指尽可能使贷款笔数均匀地分配到各个频带，取频带内贷款风险敞口的加权平均值最接近的整数作为每个频带的公共敞口值。

记贷款组合的频带数目为 j，$1 \leqslant j \leqslant m$，$v_j$ 表示频带 j 内调整后的风险敞口的加权平均值，μ_j 表示频带 j 内的预期违约个数，$\mu_j = \sum_{A \in j} P_A$，则频带 j 的预期违约损失 ε_j 等于 v_j 和 μ_j 的乘积，即：

$$\varepsilon_j = v_j \times \mu_j \tag{6-34}$$

μ 表示贷款组合一年内全部预期违约事件的个数，它等于每一个频段预期违约事件个数的和，即：

$$\mu = \sum_{j=1}^{m} \mu_j = \sum_{j=1}^{m} \frac{\varepsilon_j}{v_j} \tag{6-35}$$

由于对贷款组合风险进行计量的主要目的是寻求不同损失水平的发生概率，而不是不同违约事件个数的发生概率，所以需要将违约事件个数分布转化成违约损失分布。

引入损失的概率发生函数 $G(z)$ 推导违约损失的分布。如果损失用单位敞口的整数倍表示，则有：

$$G(z) = \sum_{n=0}^{\infty} P(loss = n \times L) z^n \tag{6-36}$$

假设组合内各敞口是彼此独立的，那么组合损失的概率发生函数就等于各敞口损失概率发生函数的乘积。

$$G(z) = \prod_j G_j(z) \qquad (6-37)$$

其中:

$$G_j(z) = \sum_{n=0}^{\infty} P(n) z^{nv_j} = \sum_{n=0}^{\infty} \frac{\mu_j^n e^{-\mu_j}}{n!} z^{nv_j} = e^{-\mu_j + \mu_j z^{v_j}} \qquad (6-38)$$

那么有:

$$G(z) = \prod_{j=1}^{m} e^{-\mu_j + \mu_j z^{v_j}} = e^{-\sum_{j=1}^{m} \mu_j + \sum_{j=1}^{m} \mu_j z^{v_j}} \qquad (6-39)$$

根据公式 (6-35),记

$$P(z) = \frac{\sum_{j=1}^{m} \mu_j z^{v_j}}{\mu} = \frac{\sum_{j=1}^{m} \frac{\varepsilon_j}{v_j} z^{v_j}}{\sum_{j=1}^{m} \frac{\varepsilon_j}{v_j}} \qquad (6-40)$$

将公式 (6-40) 代入公式 (6-39),得:

$$G(z) = e^{\mu[P(z)-1]} = F[P(z)] \qquad (6-41)$$

令 A_n 表示损失是 $n \times L$ 的概率,对公式 (6-41) 进行泰勒展开,得:

$$A_n = P(loss = n \times L) = \frac{1}{n!} \frac{d^n G(z)}{dz^n}\bigg|_{z=0} \qquad (6-42)$$

将公式 (6-39) 代入公式 (6-42),推导可得贷款损失分布的递推关系式:

$$A_n = \sum_{j: v_j \leqslant n} \frac{\varepsilon_j}{n} A_{n-v_j}, \ n = 0, 1, \cdots \qquad (6-43)$$

其中:

$$A_0 = e^{-\mu} = e^{-\sum_{j=1}^{m} \frac{\varepsilon_j}{v_j}} \qquad (6-44)$$

综合公式 (6-42)、(6-43) 和 (6-44),可计算贷款组合的损失分布。

(4) 在贷款组合损失分布的基础上,给定一定的置信水平,可以计算贷款组合的非预期损失即组合的经济资本。

得到了贷款组合的损失分布,给定一定的置信水平,如 99.9%,就可以得到在此置信水平下的最大损失,组合的非预期损失等于一定置信水平下的最大损失减去预期损失。

6.3 基于creditrisk⁺模型的信贷组合信用风险度量实证分析

6.3.1 样本与数据选取

为了度量银行信贷组合的信用风险，即计算银行贷款组合的预期损失与非预期损失，本文采用大连市商业银行某支行的中小公司贷款数据，运用 creditrisk⁺ 信贷组合模型，对贷款组合信用风险度量进行实证研究。

本节收集了该支行 2004 年 12 月至 2013 年 3 月发生的全部中小公司贷款数据，选取截至 2013 年 3 月仍具有余额的 224 笔贷款组成一个贷款组合，计算其非预期损失；其中包含已到期但本息未全部偿还的贷款 17 笔，作违约数据处理。本部分实证需要解决该贷款组合在 2013 年 3 月 16 日这一时点的非预期损失的计算。

6.3.2 关键参数的设定

1）违约概率

以往的文献，多根据债务人的信用评级与其年违约概率之间的映射关系，确定债务人的违约概率。由于本文 5.2 节运用 KMV 模型对不同行业公司的年违约率进行了详细的实证研究，所以本节采用 5.2 节中行业违约概率的实证结果作为违约概率的设定办法。本文将样本公司按行业划分为 3 个等级，好、一般和差，根据债务人行业违约概率和信用评级综合确定其违约概率参数。其中差为违约级，该类公司的违约概率值取 1。

该分行中小企业贷款组合样本组公司包括制造业公司 78 家，房地产业和建筑业公司 19 家，信息传输、计算机服务和软件业公司 15 家，农、林、牧、渔业公司 10 家，电力能源业公司 9 家。这些公司的违约概率以基于 KMV 模型的违约率度量实证研究中相应行业两类公司 3 年的平均年违约概率来确定（比如制造业好和差两个等级的公司违约概率值就分别取 5.2 节实证中非 ST 公司和 ST 公司的 3 年平均年违约概率值），其他行业公司包括批发和零售业公司 55 家，采矿业、居民服务和其他服务业、租赁和商务服务业公司 6 家，住宿和餐饮业公司 8 家，交通运输、仓储和邮政业公司 6 家，科学研究、技术服务业公司 8 家，地质勘查文化、体育和娱乐业公司 10 家，这些公司的违约概率以基于 KMV 模型的违约率度量实证研究所有行业两类样本公司相应 3 年的平均年违约概率值确定，具体统计结果见表 6-1。

表 6-1　　　　　　　　不同行业上市公司违约率统计表

行业	好	差
制造业	7%	8%
房地产业	6.4%	8.2%
信息传输、计算机服务业	4.3%	5.5%
农、林、牧、渔业	6.6%	8.3%
电力能源业	4.4%	7.4%
其他行业	5.7%	7.5%

2）违约损失率

本节贷款公司的样本数据全部取自中小公司，所以采用该分行近年中小公司的贷款违约损失率的近似值 10% 作为本节实证研究中的违约损失率参数。

3）样本数据分组及频带划分

鉴于国外 creditrisk⁺ 模型频带划分办法的局限性，本节采用了加权平均的方法划分频带，加权平均的频带划分方法是指尽可能使贷款笔数均匀地分配到各个频带，取频带内贷款风险暴露的加权平均值最接近的整数作为每个频带的公共敞口值。

按照加权平均的频带划分方法，本节取 L：万元作为单位敞口规模，然后将贷款公司敞口经违约概率、违约损失率和单位风险敞口进行调整，并按调整后的风险敞口暴露的大小进行升序排列，再将贷款组合按笔数均匀分组，在每个频带内的贷款笔数不少于 20 笔的基础上，适当根据每个频带内所包含违约样本公司的数量进行微调后，最后将 224

笔贷款划分为 9 个频带。

记贷款组合的频带数目为 j，$1 \leq j \leq 9$，v_j 表示频带 j 内经调整后的风险暴露的加权平均值，μ_j 表示频带 j 内的预期违约个数，$\mu_j = \sum_{A \in j} P_A$，根据公式（6-34），频带 j 的预期违约损失 ε_j 等于 v_j 和 μ_j 的乘积。

$$\varepsilon_j = v_j \times \mu_j$$

μ 表示贷款组合一年全部的预期违约事件个数，它等于每一个频段预期违约事件个数的和，所以有：

$$\mu = \sum_{j=1}^{9} \mu_j = \sum_{j=1}^{9} \frac{\varepsilon_j}{v_j}$$

样本数据分组和频带划分结果见表 6-2。

表 6-2　　　　　　　　　**样本数据分组和频带划分结果表**　　　　　　单位：万元

j	v_j	笔数	u_j	ε_j
1	1	24	3.35	4
2	8	24	1.35	11
3	17	27	2.47	42
4	28	26	1.47	41
5	32	25	1.51	48
6	55	23	4.04	222
7	94	25	2.23	300
8	113	25	5.16	586
9	326	25	6.13	2 014

6.3.3　实证结果

1）违约损失分布

令 A_n 表示损失是 n×L 的概率，根据贷款组合的违约损失分布的递推关系公式（6-43）和公式（6-44），即：

$$A_n = \sum_{j: \, v_j \leq n} \frac{\varepsilon_j}{n} A_{n-v_j}, \quad n = 0, 1, \cdots$$

$$A_0 = e^{-\mu} = e^{-\sum_{1}^{m} \frac{\varepsilon_j}{v_j}}$$

通过 VB 编程，可以计算得出贷款组合违约损失分布，如图 6-1

所示。

概率

0.3%

0.25%

0.2%

0.15%

0.1%

0.05%

0.00%

0   2 000   4 000   6 000   8 000

损失金额（单位：万元）

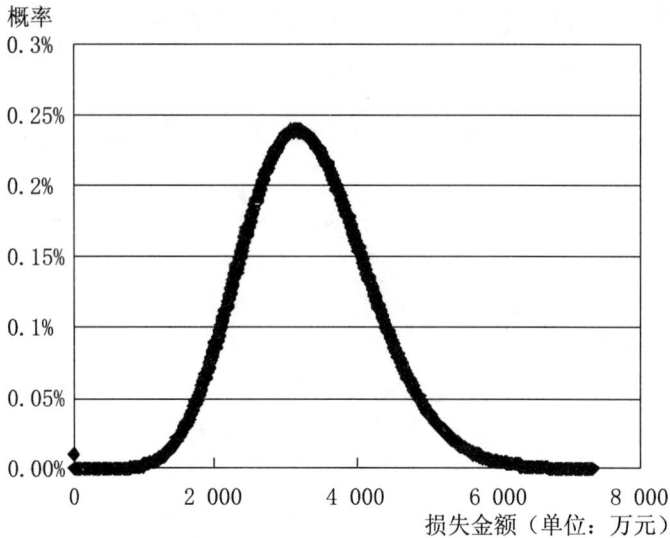

图 6-1　贷款组合违约损失分布图

2）贷款组合预期损失和非预期损失的计算结果

根据贷款组合的预期损失和非预期损失的定义和贷款组合违约损失分布图 6-1，可以计算贷款组合的预期损失和置信度为 99.9% 的非预期损失。

该行某支行中小企业贷款组合的预期损失为 3 268 万元，在 99.9% 的置信水平下的最大损失为 6 367 万元，非预期损失为 3 099 万元。

6.4　基于 creditrisk⁺ 模型实证分析的结论

（1）creditrisk⁺ 模型可以有效地计量信贷组合的非预期损失并可以提高我国商业银行的经济资本管理效率。以该实证中的贷款组合为例，贷款余额为 17 亿元，按《巴塞尔资本协议 I》要求的 8% 的资本充足率，经济资本应为 1 亿元左右，而实证计算结果为 6 000 万元左右。

（2）在 creditrisk⁺ 模型中采用加权平均的频带划分方法，不仅可以使模型适用于贷款笔数较多的贷款组合，同样也可以适用于贷款笔数较少的贷款组合。这使得该模型不仅可以应用于总行的经济资本管理，还可以广泛地运用于分支行的经济资本管理，而且还可以用于不同规模的分支行和总行的联动操作管理。另外，该种频带划分方法能够使得所划分的频带个数适当，频带内的贷款笔数均匀，从而减少计算量。creditrisk⁺模型在银行信贷组合信用风险管理方面会有广泛的应用前景。

（3）在使用 creditrisk⁺模型计量贷款组合信用风险时，依据公司信用等级与行业违约概率两项指标确定违约率参数，可以对公司的分类更加细化，具有很强的科学性，而且可以增加使用 creditrisk⁺模型计量信贷组合的预期损失与非预期损失的准确性。

（4）在运用 creditrisk⁺模型计量贷款组合的实证研究过程中发现：creditrisk⁺模型计量经济资本的精确性高度依赖贷款违约率、违约损失率数据的准确性，所以银行应该尽快构建自己的违约数据库和信用风险评价体系。

（5）计算结果有可能低估了经济资本，因为我们假设违约损失率取 10%不变。在一定程度上，违约损失率是可变的，所以损失分布函数有可能有一个厚的尾部。今后可以考虑基于违约率变化的 creditrisk⁺模型的实证研究。

（6）本文的实证研究是基于 creditrisk⁺模型中违约事件相互独立的假设展开的，creditrisk⁺的扩展模型则考虑了各行业间违约概率的相关性，在扩展模型下损失分布需要用其他的算法才能得到数值解，但有时会更符合银行的实际情况，在银行的实际工作中需根据具体情况进行选择。

6.5 本章小结

在对信贷组合信用风险度量方法进行深入研究的基础上，选择creditrisk⁺模型对组合信用风险度量进行研究。在分析国外 creditrisk⁺模型频带划分缺陷的基础上，改用加权平均的频带划分方法，并提出使用基于 KMV 模型的行业违约率实证结果和公司信用评级结果相结合的违约率参数的设定办法。最后采用大连市商业银行某支行的贷款数据对creditrisk⁺模型在贷款组合非预期损失度量中的应用进行了实证计算。

得出结论：creditrisk⁺模型可以有效地计量信贷组合的非预期损失

并且可以提高我国商业银行的经济资本管理效率。在 creditrisk$^+$ 模型中采用加权平均的频带划分方法，能够使得所划分的频带个数适当，频带内的贷款笔数均匀，从而可以使模型不仅适用于贷款笔数较多的贷款组合，应用于总行的经济资本管理，而且适用于贷款笔数较少的贷款组合，应用于分支行的经济资本管理。在使用 creditrisk$^+$ 模型时，依据公司的信用等级与行业违约概率两项指标确定违约率参数，具有很强的科学性，可以对公司的分类更加细化，增加 creditrisk$^+$ 模型计量信贷组合预期损失与非预期损失的准确性。

第 7 章　商业银行信用风险管理研究

信用风险度量是信用风险管理的基础。准确的计量结果可以为精细的贷款定价管理提供依据，为有效的贷款组合优化管理提供支持，为银行信用风险的资本管理提供基础，为建立风险调整资本收益率（RAROC）为核心的绩效考核评价体系和综合管理体系提供参考，从而实现风险与回报的最佳平衡，实现资本的高效配置。本章主要阐述如何运用信用风险计量结果更好地进行信用风险的定价管理，信用风险的贷款组合优化管理，信用风险的资本管理及信用风险的转移和分解管理。

图 7-1 概括了信用风险度量结果在单一客户/债项、信贷组合和全行战略 3 个层面的信用风险管理上的应用。

7.1　商业银行信用风险的定价管理

随着我国利率市场化改革进程的不断加速，银行的贷款定价自主权正在逐步扩大，加快建立完善的定价体系越来越成为摆在我们面前的一项紧迫任务。

另外，银行业的竞争日趋激烈，银行往往需要展开价格竞争去争夺客户，这就导致存贷款利差进一步缩小，利润空间的大大压缩，进行贷

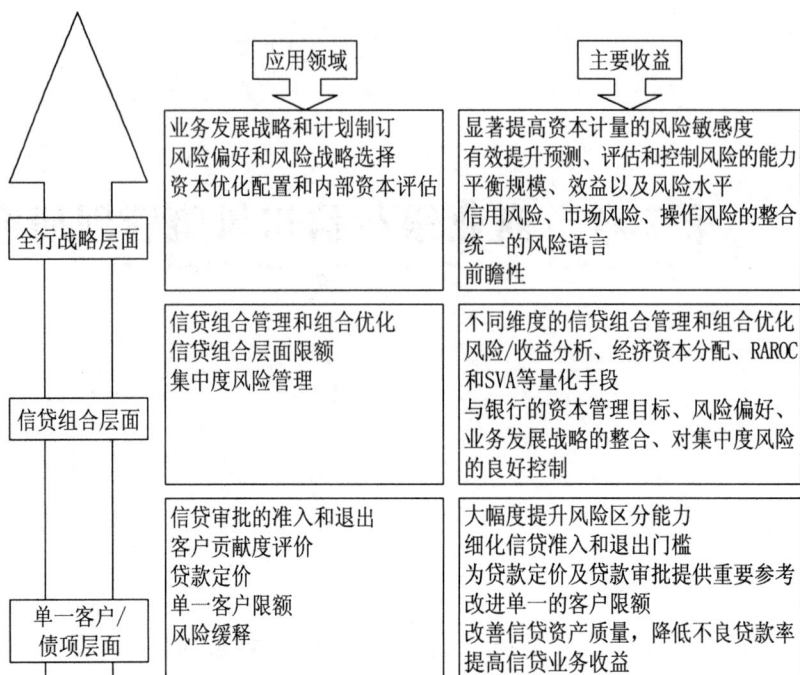

图 7-1 信用风险度量结果在信用风险管理领域的应用范围图示

款定价精细化管理将是商业银行保持竞争力的必然选择。信用风险的准确度量为商业银行贷款定价精细化管理提供了可能。

7.1.1 贷款定价的模式

贷款定价的方法很多，但根据国家经验，有 3 种效果较好的定价模式：基准利率加点法、成本加成法和客户盈利分析法。

基准利率加点法是我国银行业现行的广泛使用的一种定价模式。该方法以市场基准利率为基础，根据贷款的不同风险度加上不同的风险溢价点数或乘上不同的系数，有时为了将贷款利率控制在一定的范围之内，可以为贷款利率设定上限和下限。

该模式是一种"外向型"模式。首先根据客户的信用评级确定客户的违约风险，再根据贷款规模、贷款品种、贷款期限等其他因素，综合决定不同的利差。违约程度是衡量借款人风险大小的关键指标，根据信用风险度量研究中的实证方法可以计算客户一年期的违约概率。根据违约概率的大小，可以对客户进行细分，进而确定相应的授信政策和审批标准。

成本加成法是将一项贷款的资金成本、运营成本和风险成本等作为总成本，将贷款收益与相应发生的存款收益及中间业务收益作为总收益，以经济资本的最低回报率为标准，综合确定贷款利率的一种贷款定价方法。这种定价方法依托于对信用风险的整体度量，包括：单笔贷款的预期损失、非预期损失、风险贡献度、经济资本、经济资本分配度量值，以及经风险调整的预期收益率 RAROC 值。根据公式（6-27）的度量结果，贷款利率由公式（7-1）计算：

$$r = \frac{D_0 r_D + OC + EL + RAROC \times EC}{EAD} \tag{7-1}$$

其中：贷款总额（D_0）乘以借款利率（r_D）等于资金成本，OC 表示运营成本，EL 表示风险成本，RAROC×EC 等于目标收益。

成本加成法要求商业银行具备很高的财务和风险管理水平，要能够准确计算出公式（7-1）中所有财务和风险计量指标。目前，很多西方商业银行已经采用了这种定价模式，就国内银行的管理水平看，该方法也是未来几年比较适宜的选择模式。

客户盈利分析法是把客户与银行的所有业务全部纳入到贷款定价中的一种方法，从银行和客户的整体关系入手，全面评估借款人对银行的贡献度。

客户盈利分析法是一种"客户导向型"模式，不仅仅通过一项贷款的出发来确定贷款利率，而是通过客户和银行的全部往来关系来找寻最优贷款利率。该模式较复杂，且比较适合信贷频率较高、金额较小的中小企业贷款。

7.1.2 贷款定价的影响因素

1）战略目标与贷款定价

风险战略是银行风险管理的纲领性文件，银行的经营必须服务于其特定的风险战略目标，贷款定价也不例外。从长期目标看，有的银行确定长期增长目标，有的银行则希望实现稳健经营；从短期看，有的银行希望增加银行存款，有的银行希望扩大市场占有率，有的银行希望开发新的金融产品。不同的战略目标会对贷款定价产生很大的影响。

商业银行董事会应根据外部监管要求并结合银行自身发展战略，确定银行整体的风险管理要求，依托风险计量结果，设定资本充足率、风险资本占比等定量指标，指导银行的定价管理。

2）市场环境与贷款定价

市场供求决定着商品的价格，贷款价格的制定不仅要考虑银行自身的情况，还要以市场价格为参考。目前银行业的竞争日益激烈，我国银行业发展更是同质化现象严重，所以不考虑市场供求状况漫天要价是不现实的。商业银行应以市场价格为基础，结合自己的实际情况调整贷款价格的弹性空间。

这就需要银行计算贷款的成本覆盖，其中包括边际资金成本、边际贷款费用、风险补偿费用和贷款需分摊的固定费用，还有所得税前的目标收益率。以这些定量指标为依据，通过与市场价格的比较，参考自己的竞争策略最终确定自己的贷款价格。

3）风险补偿与贷款定价

银行是经营风险的企业，银行的每笔贷款会存在违约风险、期限风险和借款人选择权风险等。每笔贷款的利率应在补偿成本的基础上，加上因银行承担风险所应该获得的额外收益。因此贷款利率首先要能覆盖每笔业务的成本与费用，其中成本包括资金成本和风险成本，风险成本就是单笔贷款的预期损失。另外，如果按照风险与收益对称的定价原则，银行对贷款承担的风险还应该获得额外的补偿，即银行承担单笔贷款的非预期损失（风险损失）所应该要求的相应的风险溢价，所以银行的贷款利率还应覆盖风险损失。因此，贷款利率应该等于无风险收益率加上该笔贷款的风险溢价和目标收益率，其中无风险收益率包括资金成本、风险成本（预期损失）等成本和费用。

违约风险是银行面临的主要风险，所以贷款定价中要体现出违约补偿率。一般的，银行需要对宏观经济政策，客户所在的行业的发展状况，客户在同行业市场中的竞争地位，客户的信用履历、财务状况、生产经营状况、盈利能力等进行定性分析，将贷款客户划分为不同的信用等级。在度量技术允许的条件下，可以对每笔贷款进行定量计算，根据计量结果可以进一步对客户进行细分。参考评价标准或历史数据确定相应的违约补偿率，进而确定相应的授信政策和审批标准。淘汰预期损失率高的劣质客户，保留对银行实际收益有所贡献的优质客户。对优质客户，可以简化审批流程和环节，加大营销力度，提高服务效率；而对劣质客户，则可以实施有效控制。

贷款期限越长，客户信用恶化的可能性越大，利率风险也越大。所以贷款的期限越长银行风险补偿的要求应该越高，风险补偿率在贷款定价中也应该有所体现。

银行的许多贷款合约含有客户选择权，比如允许客户提前还款。这些选择权有时会给银行带来利率风险，所以银行在贷款定价时也会将它考虑进去。

4）客户关系与贷款定价

银行有时需要根据客户与银行的全面关系来对贷款利率作出相应的调整。例如：借款人是否有过借贷关系，借款人的忠诚度、借款履历，借款人在本行的存款余额、现金流，借款人在本行的中间业务的业务量等等。如果借款人在银行的存款多，银行的可用资金就多，相应的银行会获得利润；如果借款人的中间业务的业务量大，银行会因此贷款带动的中间业务获得额外的收益。因此银行应对这些关系密切的基本客户、老客户会提供相对优惠的贷款利率。

7.1.3　贷款定价体系的构建

构建贷款定价体系是一个庞大的系统工程。它需要内部资金转移定价系统、管理会计系统和内部评级系统3个基础性系统的技术支持。

合理地确定资金成本是贷款定价的前提。银行必须能够对部门间的成本进行准确核算，并以此为基础再对各类资金来源的价格进行综合分析，以确定合理的资金转移价格，并能够随市场利率的变动适时调整内部资金价格，使得在不同经营环境下的不同分支机构有一个统一的、科学的、合理的资金价格标准，从而有效引导内部资金的流向与流量。

在贷款定价体系中，经营成本率与税赋成本率都来自管理会计系统。商业银行还要进一步加强贷款定价中的成本分析，充分发挥成本管理对贷款定价的积极作用。

在贷款定价过程中，根据客户的违约风险不同区别定价是贷款定价的难点所在。这需要银行建立一套切实可行的内部评级系统，对授信客户进行信用评级，并按照《巴塞尔资本协议Ⅱ》的要求不断进行完善。目前，西方国际型大银行能够通过评级模型估算出资产的预期损失率，再结合资金成本和经营成本等因素确定债项的基准价格，淘汰预期损失率高的客户，从而留下对银行实际收益有所贡献的客户群体。

贷款度量技术的发展决定着贷款定价的精细化程度，贷款精细化的程度影响着银行主动防范风险的能力。随着信用风险度量技术和定价技术的不断发展、不断完善，大部分信用风险可以在事前获得化解与抵补。

7.2 商业银行信用风险的组合优化管理

商业银行信用风险的组合优化管理是指银行根据授信业务的性质、种类和风险程度等因素对信贷资产按照不同地区和行业实行多层面、多角度、多组合的横向和纵向的动态分析监控，最终实现分散风险、优化信贷结构、确定最佳平衡组合的目的。

基于风险计量技术的进步，商业银行可以通过计算所得的多种量化指标更好地进行商业银行信贷组合管理以及组合优化。

按照信贷组合业务管理的流程，贷款的信用风险可以出自贷前、贷中和贷后管理的各个环节。要有效地控制整个贷款组合的信用风险，必须为整个贷款流程搭建合理、严密的风险管理框架。该框架以谨慎的贷款政策为起点，以严格的贷款管理程序为基础，以有效的内部控制为保障，以完善的贷款信息系统为支持。

7.2.1 贷款政策

贷款政策是指银行为实现经营目标而制定的指导贷款业务活动的一系列准则，表明银行在贷款结构、贷款规模和贷款利率等方面所采取的具体方针和措施。贷款政策直接体现银行的经营策略，有利于贷款人员与管理层在决定单笔贷款和形成贷款组合方面保持统一的标准，以确保贷款质量，防范贷款风险。在贷款政策中，与信用风险管理相关的内容有很多：贷款集中度的控制、贷款风险等级体系的设计、贷款定价和资本调整收益方法、信贷员的权限和责任、贷款授权制度等等。其中贷款集中度的控制是贷款政策的核心内容。

如果贷款可以发向不同区域、不同行业的众多客户，则会降低资产的组合风险，而资产如果过度集中于某个行业、部门和地区，就容易受到宏观经济波动、行业波动和区域性经济波动的影响。所以，银行会对组合资产的分散性提出要求，会对贷款集中度进行控制。银行在制定贷款政策时，会以区域、行业分析为基础，依据各行业经风险调整后的资本回报率以及当前各行业、各区域市场竞争的需要，从战略层面确定不同区域、不同行业业务的发展布局、发展规模和增长比例。可以以各类贷款占银行资产的比例来明确。

7.2.2 贷款管理程序

贷款组合的信用风险管理是一项系统化、综合化的工作，贯穿于贷款政策的制定、客户的选择、贷后管理和问题贷款的处理整个贷款业务流程之中。要进行有效的贷款组合信用风险管理，首先要制定科学合理的贷款政策，其次是要实施严格的贷款管理程序。这一程序包括3个主要环节：贷款发放前的信用评级、贷款审批和完善的贷后管理。

信用评级一般包括客户评级和债项评级两个维度。对客户和债项的信用评价能力是信用风险管理的关键。违约程度是衡量借款人风险大小的关键指标，商业银行必须准确计算客户一年期的违约概率。根据违约概率的大小，可以进行客户细分，并作为贷款审批的重要参考条件之一。

贷款审批是指以信用评级结果为基础，结合客户的授信需求、综合贡献度、行业信息、国家产业政策等情况，对授信方案中的金额、期限、授信条件进行审批决策的过程。在新贷款审批的过程中，不仅要考虑某项贷款本身的风险，还需考虑新贷款的发放对现有贷款组合风险构成的影响，还要对贷款集中度经常进行检查和报告。根据贷款组合的数据信息，对风险暴露进行汇总，对风险组合进行分析，这些一方面要依靠数理模型的量化结果，另一方面有赖于全行相关部门的积极参与以及充分地沟通与讨论。

近两年来，贷款结构调整已成为我国商业银行信用风险管理的主旋律。通过贷款集中度分析可以决定是否需要以对冲或收购、出售贷款的方式对不同行业不同风险程度的客户组合给予积极支持、谨慎维持或压缩退出等差别化处理。例如，对于积极支持类行业中的 AA 级以上客户被确定为优先支持客户，那么对于谨慎维持类行业中评级可能需要在 AA+级以上的客户才符合优先支持标准。这样不仅可以有效提升贷款审批决策的科学化和精细化，而且可以借此指导并推动信贷结构调整的深化。

贷款审批需要从单笔贷款风险和组合贷款风险两个层面决定在特定行业（区域）中某类客户做与不做以及如何做的问题。做与不做是指商业银行根据监管要求和业务经营管理的需要，结合风险计量结果，设置客户准入退出标准，最后进行审批决策。如何做就是要确定该笔贷款的风险限额，限额管理是风险管理的核心。风险管理部门首先要在全行风险与收益平衡点的基础上，将可支配的信贷资源分配到各组合敞口，形成行业、产品等多种组合层面的风险限额。在分配过程中，需要考虑发展战略、风险管理政策、市场变化、资产结构、收益分配等众多因素，然后再确定单笔贷款限额的分配。

7.2.3　内部控制

商业银行内部控制机制是董事会与管理层为把错误和虚假降到最低，并能有效地进行监控而建立的对业务经营活动的检查和相互制约机制。其目标是要通过各种内部控制活动有效地控制银行风险，使银行资金运作得到安全保证。

商业银行信贷业务的内部控制要素主要包括：

（1）贷款业务的流程化与程序化。贷款业务的流程化与程序化的目标是要实现贷款决策的科学化，强化贷款过程中的审贷分离，防止贷款权力的高度集中。

（2）信贷的授权与分级审批制度。信贷的授权与分级审批制度是为了调整总行和其分支机构在贷款方面的权限而设置的防范信贷风险的制度。这种审批制度一方面有利于总行对信贷风险的集中统一管理，另一方面有利于发挥基层行的工作积极性并能发挥基层行对辖区客户比较熟悉的优势。信贷的授权与分级审批制度可以协调总行、分行和支行控制系统多层面控制关系和行内不同管理层之间的控制关系，当然，这种关系要建立在资产负债比例管理、信贷风险度管理和授信额度管理的基础上。

（3）信贷的内部检查和稽核制度。银行需要通过严格的内部检查和稽核及早发现问题和隐患，以有效预防风险，减少或避免损失。

（4）贷款决策人岗位责任制度。国际活跃银行在风险控制上现在普遍奉行"四眼原则"，即至少要有四只眼睛同时盯住一笔业务。这种"四眼原则"不是指"双人调查、双人审批、双人核保"，而是指有两只眼睛来自市场拓展系统，两只眼睛来自风险控制系统。这样的"四眼"同时审查一项业务，能够确保银行对风险分析和业务判断更加全面、更加准确。

（5）信贷风险的电子化控制制度。信贷风险的电子化控制系统可以有效控制信贷管理中的失误，尤其是人为因素造成的失误。从风险识别和测量到风险控制和审计监督的全程引入电子化控制系统可以有效防范信贷过程中的"道德风险"。

（6）信贷的激励制度和责任追究制度。信贷业务是银行最重要的业务，信贷风险直接关系着银行的生死存亡。合理的奖惩制度可以通过物质和精神两个方面激发并调动员工的积极性，有效控制银行风险。

7.2.4　贷款信息系统

在经济一体化和金融全球化的背景下，先进的技术在银行管理和业务发展中的作用日益明显。随着信息时代的来临，实现信息和数据的大集中，建立统一、高效的综合信息平台，可以为客户提供优质、快捷的服务，增强银行的业务开发能力，可以为银行进行有效的信用风险管理提供强有力的支持。

信息化建设应该深入到商业银行业务发展和经营活动的各个环节。信息技术不仅可以提高银行的业务运作效率，也可以有效辅助银行的管理和决策过程，使得各项决策和分析过程更具科学的信息化依据。

随着金融竞争的日趋激烈，商业银行要得到长期稳定的发展，必须把握住市场客户，不断满足客户的需求，并且需要防范金融风险的发生。因此，管理层需要足够的信息来辅助他们制定策略，管理风险，扩大客户群，提高利润。这一切都基于数据仓库和数据挖掘技术实现数据的集中统一管理，并在此基础上，实现数据共享、决策分析、风险监控、产品开发和绩效评估于一体的综合信息平台。

7.3 商业银行信用风险的资本管理

资本是银行内最重要的概念之一，代表着银行中无须承诺偿还的资产。银行的资产价值下降或债务上升时资本可以起到缓冲作用。银行资本具有特殊性，其特殊性在于银行的资产负债表具有特殊的形式。一般企业由债务和股本共同提供正常运作所需要的资金，而银行只能依靠负债和部分股本提供其日常运行的资本要求，因为银行还必须保留一定的股本数额充当可能招致的各种风险的缓冲，向公众保证即使发生贷款损失和投资损失，银行仍具有及时偿付债务的能力，并能继续为之服务，能够自始至终保证存款人的利益免遭损失。

资本是昂贵的，银行希望持有最低水平的资本来提供足够的保护。巴塞尔资本协议的核心思想就是银行必须持有一定数额的资本才允许经营，必须持有的资本水平取决于资产的风险程度，资产的风险程度越大，需要持有的资本就应越高。商业银行信用风险资本管理就是根据银行资产风险程度的大小来确定资本的合适数额和形式，用于吸收信用风险所带来的额外损失，以及决定有限的资本如何在各种风险业务上进行合理分配，从而实现股东收益最大化。

站在股东、监管者、风险管理者和投资者不同市场主体的视角，对资本管理的理解是不同的。例如，股东关心的是实实在在的资本金是被如何配置和使用的；监管者强调静态的时点数，在当前的中国是每个季度末考核资本充足率是否达到 8%；投资者主要关心的是资本的回报率；而对于一个风险管理者，首先识别风险在哪里，其次是量化，然后进行管理，最后需要进行资本的配置和风险的构架。

商业银行的资本管理处于核心地位，每一个银行都需要通过资本管理，优化资本配置，提高资本回报，实现银行资本收益最大化。

7.3.1 银行资本的概念

银行资本有多种形式：账面资本、管理会计中的银行资本、市场价值资本、监管资本、经济资本。

账面资本等于银行资产的账面价值减去银行负债的账面价值，也等于权益资本的面值加上资本公积、未分配利润和贷款与租赁的损失准备。

管理会计中的银行资本等于股东权益加上永久优先股、贷款与租赁的坏账准备、法定可转换成普通股的次级债务以及其他。

市场价值资本等于银行资产的市场价值减去银行负债的市场价值，反映了每家银行用来抵御风险的实际资本额。

监管资本是银行监管机构规定的银行必须执行的强制性资本标准，属于"事后监督"，各国监管机构主要参照巴塞尔资本协议规定的资本充足率标准。

经济资本（风险资本）是与银行实际承担的风险直接对应的资本，数量随着银行实际承担的风险大小变化而变化。经济资本是一个管理会计的概念，而不是实实在在的资本。经济资本体现的是商业银行的最优资本持有量，属于"事前配置"。计算与测量经济资本的意义在于合理地配置经济资本。

账面资本在数量上应该不低于经济资本的需求量。监管资本在数量上不低于账面资本，高于经济资本。巴塞尔资本协议强调了从监管资本向经济资本的转变，力求将银行面临的主要风险与资本紧密地联系在一起，实际上是使监管资本与经济资本趋于一致。

7.3.2　资本充足率的管理

在巴塞尔资本协议中资本充足率等于资本除以风险资产。其中资本等于核心资本加上附属资本，其中核心资本不能低于整个资本金的50%，风险资产等于不同类别的资产乘以相应的风险权重。

资本充足率管理有两条途径：一条是分子策略，一条是分母策略。

分子策略就是扩大资本金来源，通过吸引战略投资者、上市等办法补充核心资本。例如建设银行资本金不够时，通过在香港上市的办法，使其资本充足率达到13%。当资本金约束得以缓解时，就可以加快贷款投放的速度。

中国银行普遍存在的问题除了需要补充核心资本外，还需要补充附属资本。巴塞尔资本协议可以进入附属资本的有一长串清单，但是由于中国银行业金融工具欠缺的原因，选择附属资本的方式往往只有次级债。所谓分子策略是指努力发展金融创新，扩大资本的选择方式。实际上附属资本和核心资本有一个中间阶段，有的可以进入核心资本。例如兴业银行正在探索的混合资本债，在有的国家就将其计入到核心资本。

分母策略，是指缩小分母。资本是有限的，不可能满足无限的业务扩张，因此必须调整资产结构，把原来投放的风险权重比较高的资产转换为风险权重比较低的资产。例如可以减少贷款的发放，转为大量持有各种低风险权重的央行票据、国债或一些低风险形式产品。实际上资本约束才刚刚起作用，未来对银行资本的管理会产生更加深远的影响。

7.3.3　资本配置的管理

1）经济资本与绩效评价

资本管理包括资本的数额和形式的确定，以及如何把每年筹集的资本，更准确地配置到回报最高的业务线和金融产品上。在银行内部的运作过程中，这是一个十分复杂的过程。首先要建立基本的业绩考核，分产品、分业务线考核每个产品的赢利多少，每个业务的风险大小，才可能相应地提出需要配置的资本数量。就全球主要商业银行而言，目前主要通过计算和测量经济资本实现对银行资本的合理配置。

普华永道 2005 年 12 月对亚太地区主要银行所作的调查报告显示：46% 接受调查的银行已使用经济资本管理；19% 的银行计划在 2006 年引入经济资本管理；17% 的银行计划在 2010 年前引入经济资本管理。

经济资本对应的是银行不可预期的损失或者叫非预期损失，专项准备不计入经济资本。不同的风险由不同的职能覆盖，专项准备和风险的定价由预期损失覆盖，而经济资本覆盖的是非预期损失。

银行经济资本的衡量分三个层次，一是根据单笔贷款的审查结果和抵押担保状况确定单笔贷款的非预期损失；二是基于组合层面，在单笔贷款的非预期损失基础上，结合相关性，计算组合的非预期损失；最后一个层面，是基于整个资产负债表的经济资本，经济资本等于信用风险资本加上市场风险资本加上操作风险资本。

在经济资本基础上，计算经风险调整的资本收益率（RAROC）和经济增加值（EVA）。

RAROC 等于收入减去成本和预期损失后除以经济资本；EVA 等于收入加上经济资本再减去成本、预期损失和最低回报率。这两个指标一个是相对比率指标，一个是绝对量指标。在全行实行财务集中统一管理，数据准确、真实的前提下，RAROC 和 EVA 是考核分行、业务条线及产品和客户盈利性的主要指标。

2）资本配置的过程

进行经济资本配置首先需要评价银行的总体风险承受能力，然后通过经济资本、RAROC 和 EVA 预算，将可用资本最优化，并将资本分配给各项业务，最后根据未来的前景和需要考察评级机构的要求，建立资本组合。

现代银行业完整的经济资本管理过程可以这样描述：

根据上期末的资本充足率和本期的资本收益率，设定一个目标资本充足率，预测资产增长率，测算资本市场投资的空间大小，结合投资者是否认同等因素形成资产、资本和资产结构计划。根据竞争的需要、业务发展的需要、资产新增状况、新增之后市场接受情况，将资本、资产计划和经过风险调整之后的收益分配到相应的业务部门，然后动态地计划、执行、监控、调整业务计划，达到预定的资本充足率和资本回报率的目标。

资本管理的任务主要在总行，比如面向监管机构要求资本充足率为8%、核心资本不能低于4%。总行面临资本市场的投资者资本管理，投资者决策，次级债、证券化资本工具的研究和使用、鼓励的政策，对资本市场的研究和监控，兼并与收购，投资者关系管理，还要面临业务内部和分行的资本管理，经济资本的计量，经济资本的预算管理，资本性支出管理，RAROC 和 EVA 的研究和使用等等。

3）资本配置的方法

资本配置的方法主要有三种：独立型资本分配、边际型资本分配和分散型资本分配。

独立型资本分配是指不考虑全行跨部门分散风险的可能，由各业务部门独自承担各自的收入变动风险。边际型资本分配是从新增加或减少一个业务部门对全行经济资本需求总量的影响大小进行资本配置的方法。分散型资本分配是依据各业务部门同全行信用组合的相关性角度进行资本配置的方法。独立型资本分配除用于考核部门的绝对业绩外，一般极少使用；边际型资本分配最适合用于评估收购或分拆；分散型资本分配是资本分配和风险定价最常用的方法。

4）资本配置的意义

经济资本分配不应只停留在业务部门和下属分、子行，还应深入到信用业务的最低层面，包括客户、产品和信贷组合。通过分配经济资本，银行管理层可以发现过多或过少使用银行资本的业务部门，在风险调整的基础上，可以清楚地分辨超出资本成本真正为银行创造价值的优质客户、部门和产品。根据业绩考核进行相应的调整最终可以找到银行的最佳资本结构。

7.4　商业银行信用风险的分散和转移管理

信用风险的分散和转移是指通过信用风险的销售管理、信用风险的衍生品管理和信用风险的证券化管理等手段分散、转移和化解信用风险的过程。

7.4.1　商业银行信用风险的销售管理

商业银行信用风险的销售管理是指贷款的出售管理。所谓贷款的出售是指银行发放贷款后将其以有追索权或者无追索权的方式出售给别的银行或非银行投资者。

这里贷款出售交易所出售的贷款是指单笔贷款而非贷款组合，也不包括为证券化而打包出售的贷款组合，也不包括抵押担保证券、汽车应收款凭证以及可分期偿还的循环债务凭证等交易。

不附带追索权的贷款在出售以后，该项贷款将不被列入银行的资产负债表，银行也无需承担坏账风险。相反，附带追索权的贷款出售以后，银行需要在表外列出该项贷款出售情况，并需要承担该项贷款的坏账风险。在实际中，大多数贷款出售都不带有追索权，因此这也成为银行重要的信用风险控制工具。

并非任何类型的贷款都具有二级市场可以进行交易。20 世纪 80 年代以前，短期商业贷款主导着贷款出售市场的交易。这是因为贷款过程的信息及信用评估都具有非公开的特征，而由于短期贷款的安全性有所保障，也比较容易按照标准的文件设计贷款条款，所以比较能吸引投资者。

20 世纪 80 年代中叶以后，随着公司并购和杠杆收购的繁荣，贷款出售市场出现了一个新领域——高杠杆融资交易（highly leveraged transaction，HLT）贷款的买卖。HLT 贷款是指与购并或再次募集资本有关，使公司的负债倍增并导致 50% 以上的杠杆比率，或直接导致 75% 的杠杆率，或被辛迪加贷款机构标注为 HLT 贷款的贷款。

另外，20 世纪 80 年代的拉美债务危机还催生了对不发达国家（less developed countries，LDC）贷款的二级市场交易。

众多商业银行常常作为贷款二级市场的买方和卖方参与交易。买卖贷款的原因是多方面的：有的是控制信用风险的需要，有的是减少资本占用的需要，有的是增强资产流动性的需要。

银行通过买卖贷款实现对信用风险的控制。

当银行对某些行业看好或看淡时，需要增加或减少相关贷款在贷款组合中的份额，进而需要进行贷款的买卖。例如，当银行认为房地产行业泡沫较大，选择出售房地产贷款就是一种明智的做法。

银行的客户常常都位于银行的所在地，在这种情况下，银行的资产容易受到地区经济波动的冲击。参与贷款的二级市场交易可以将贷款资产实现适度的地理分散化。在实践中，银行往往需要根据自身的能力和业务发展进行战略调整。银行可以通过贷款买卖撤出或收缩以及增加在某些地区和某些类别的业务规模来调整自身的战略。

某些银行的不良贷款已成为其经营的巨大压力，严重阻碍其正常运转，银行可以将不良贷款和好贷款进行分类，将不良贷款出售给某些特定的"坏"银行，"好"银行可以轻装上阵，"坏"银行再将不良贷款进行分类、组合、打包出售给其他投资者。实现信用风险的控制、分解与转移。

银行通过买卖贷款，还可以控制资产结构和风险，满足资本充足率的限制，进行有效的资本管理。

随着《巴塞尔资本协议 II》的实施，资本充足率已成为制约银行扩张的重要因素。扩张贷款、持有贷款都需要资本，通过二级贷款市场交易将贷款资产适时变现并回收资金，既可以把握有利可图的贷款机会，也可以避免因资本不足而招致的监管部门的处罚。

7.4.2　商业银行信用风险的衍生品管理

信用衍生品可以把信用风险从一个交易对手转移给另一个交易对手。信用衍生品常常与总收益率互换、信用违约互换、信用联系票据的场外交易市场联系在一起。

总收益率互换是指交易双方就参照资产（主要是二级市场上交易的债券或贷款）和参照利率达成一致。在互换的有效期内，总收益率互换的买方从卖方那里收到参照资产的所有现金流量。作为交换，买方向卖方支付参照利率加上或减去一个价差。在互换到期时，交易双方对参照资产进行评估。如果资产增值，卖方向买方支付增值部分；反之，买方向卖方支付贬值部分。具体地，银行会把相关资产列入它的资产负债表，并将总收益支付给互换的买方，反过来买方向银行支付融资成本加上价差。

总收益率互换的关键是卖方将市场风险和信用风险都转移出去了。无论是由于借款者的信用质量下降、信用价差增加，还是基础利率增加导致的资产贬值都没有关系。如果在互换的有效期内基础资产发生违约，双方将终止交易并作出最终支付。在互换到期时，双方要么现金结算，要么实际结算。在进行实际结算时卖方将违约资产支付给买方并根据互换开始时确定的参照资产价格向买方收款。

信用违约互换（CDS）的买方为参照资产购买了信用风险保护。如果在信用违约风险期限内信用事件发生了，卖方向买方作出支付；反之，买方向卖方支付保险费。信用违约互换是单纯的信用风险转移，交易双方必须就参照资产、信用事件和当信用事件发生时的支付结构 3 个关键条款达成协议。

信用联系票据是直接债务和信用违约互换的结合。票据的买方卖出一个信用违约互换，作为报答，得到一个高于市场市值的息票。

银行可以利用信用衍生品管理信贷资产组合。银行的信贷组合经理人可以利用信用衍生品减少对指定债务人的组合敞口。例如，组合经理确定银行对某公司的敞口应减少 1 000 万美元。银行可以运用信用违约互换来转移敞口。如果该公司违约，银行将从经销商处收到该公司参照资产的票面价值和违约后市场价值的差价。信用衍生工具除了可以转移银行对公司的经济敞口，还可以减少银行对该公司贷款所需要的监管资本。根据《巴塞尔资本协议 II》的规定，监管资本按照假设的 1 000 万美元敞口是对经销商而不是贷款公司计算的，对贷款公司的风险权重是100%，对经销商的风险权重是 20%，资本从 80 万美元降到了 16 万美元。

使用信用衍生品，银行的组合经理人还可以快速地、匿名地创建崭新的、多样化的敞口。信用衍生品是一个很有吸引力的接受信用敞口的方式，因为信用衍生品不需要融资。

7.4.3 商业银行信用风险的贷款证券化管理

贷款证券化是指商业银行发放贷款后，通过一定的技术处理把贷款重新组合，以贷款偿付的现金流为基础，发行债券并出售给投资者的行为。

贷款证券化开始于 20 世纪 70 年代的美国住房抵押贷款市场，后来这项技术被广泛应用到许多其他的贷款领域：企业应收账款贷款、汽车贷款应收、信用卡应收款、消费者分期付款应收款等，由此形成了一个巨大的资产支持证券市场。

贷款出售交易对应的是单项贷款，而贷款证券化对应的是众多的零售型贷款组合。贷款证券化的初衷是为流动性差的住房抵押贷款创造流动性，以缓解银行不断开展住房抵押贷款业务的资金压力。但是随着市场的发展，依靠贷款证券化转移风险和分散风险的意图越发强烈。2007 年的次贷危机正是由一种特殊的资产支持证券——次级房地产抵押贷款证券引发的，可见这种债券在市场上的影响力是巨大的。

贷款证券化的操作程序是由一家银行发起贷款，该银行将贷款组合出售给投资银行，投资银行创立以该贷款组合为担保的证券，或者创立以该贷款预期现金流为偿付来源的证券。投资银行或拟发行的证券还可从第三方担保公司处获得信用提高，还可将贷款服务的权利出售给专门从事为贷款提供服务业务的公司。投资银行将证券卖给个人或机构投资者。除初始贷款银行外，投资银行、保险公司、第三方担保公司、服务公司、个人或机构投资者都参与进来。原来的银行可不必承担信用风险，也可不必为贷款提供服务，更不必提供资金支持。

银行贷款证券化对信用风险的控制功能主要体现在以下 3 个方面：资产组合管理的工具、信用风险转移的工具、不良资产处置的工具。

由于投资者对风险控制的需要，往往被证券化的贷款的信用风险都相对较小。但基于资产组合管理的需要，银行有时也需要控制此类贷款在资产中的份额。经济波动的存在有时也要求银行应及时调整资产结构，减少或控制某些类别的贷款。另外受贷款政策和客户关系的影响，有时也导致银行对某些贷款的发放规模超出银行的最优配置比例。对于此类贷款，银行既可以采取贷款出售的方式，也可以采用贷款证券化的方式作为资产组合管理的工具。这样既可以降低超配贷款的份额，也可以达到控制风险的目的。

　　住房抵押贷款是公认的最适合证券化的贷款。住房抵押贷款一般都有房产证作抵押，还有一定比例的首付，又偿还了一段时间的贷款。在通常情况下，即使借款人的财物能力恶化，不能继续履行还款义务，所收回的房产也大抵可以补偿银行的损失。但如果经济形势发生根本逆转，如2007—2008年美国的房地产市场，房产价格暴涨，资产严重缩水，失业加剧，那么高房价时期发放的住房抵押贷款就会一改其低风险面貌变为高风险资产。银行如果可以预见市场的走势，在泡沫破灭之前将持有的住房抵押贷款大批量证券化，就可以有效规避信用风险。

　　次贷危机的根源之一就是金融机构为追求过度利润而进行过度投机，过分迷信资产证券化等金融衍生工具的风险分散作用，从而使其偏离了银行业经营的基本准则，但不可否认，金融创新是世界金融业不断发展的原动力。因此，我国商业银行在金融创新方面，既要积极学习借鉴国外先进的金融创新工具，不能因噎废食，又要坚持一定的基本准则：金融创新与风险管理密不可分，让风险管理的半径决定金融创新的路程。

7.5　本章小结

　　概括了信用风险度量结果在单一客户、信贷组合和全行战略三个层面上进行信用风险管理的应用领域和主要收益，阐述了如何利用上述度量结果，进行信用风险的定价管理、信用风险的组合优化管理、信用风险的资本管理以及信用风险的分散和转移管理，分析了如何才能更好地把握度量结果并将其运用到银行风险管理和提高效益的具体实践中。

第8章　结论与政策建议

8.1　研究结论

　　本书以国际银行业新的监管标准《巴塞尔资本协议Ⅲ》为导向，在分析我国商业银行信用风险、信用风险度量和管理的现状、面临的问题以及存在的不足的基础上，围绕商业银行如何加强信用风险的度量和管理两方面内容展开深入研究。最后给出了在全球金融危机后，我国商业银行加强信用风险管理的几点政策性建议。

　　在信用风险度量部分，构建了从单笔贷款信用风险度量、信贷组合信用风险度量、银行经济资本度量到经风险调整的资本收益率指标度量的系统化度量框架，并对其中多个参数的度量方法进行了理论研究。基于公司财务数据，建立主成分 Logistic 违约率度量模型，用于商业银行对其仅具有财务数据的非上市公司的贷款违约率度量。基于市场数据，建立 KMV 违约率度量模型，用于商业银行对其具有市场数据的上市公司贷款违约率度量。采用大连市商业银行某支行 224 家中小企业贷款数据构成的贷款组合，利用 creditrisk⁺ 信贷组合模型对贷款组合信用风险的预期损失与非预期损失进行实证计算。

在信用风险管理部分，概括了信用风险度量结果在单一客户、信贷组合和全行战略三个层面上进行信用风险管理的应用领域和主要收益，重点阐述了如何利用上述度量结果，进行信用风险的定价管理、信用风险的组合优化管理、信用风险的资本管理和信用风险的分散和转移管理。

通过以上研究，本书得到如下结论：

（1）通过巴塞尔资本协议与我国商业银行信用风险管理现状研究，指出信用风险是我国商业银行面临的主要风险。现阶段我国商业银行必须适应实施《巴塞尔资本协议Ⅱ》的同时，根据《巴塞尔资本协议Ⅲ》的新的监管要求和趋势，制定具有前瞻性的发展战略，引导银行业的改革与建设，注重在信用风险管理的基础上积极有效的全面风险管理，从而保证银行业长期健康稳定发展。

（2）通过对商业银行信用风险度量和管理方法研究，构建了从单笔贷款信用风险度量、信贷组合信用风险度量、银行经济资本度量到经风险调整的资本收益率指标度量的系统化银行信用风险度量框架；对整个框架中涉及的理论计算公式和相关参数的度量方法进行了深入的研究，找到了一套虽然浅显但却能快速运用到银行具体实践中的实用可行的度量方法；形成了基于银行历史数据进行信用风险度量的完整体系。

（3）通过基于主成分 Logistic 模型的单笔贷款违约率度量研究，本文得出的主要结论有：

第一，改进指标的选取办法后，建立的主成分 Logistic 违约率度量模型对低风险公司、高风险公司判别的准确率都高达 90.4%，模型的稳定性较强。

第二，主成分 Logistic 违约率度量模型基于财务数据进行模型构建，而且能够将违约和财务数据之间的量化关系表示出来，在该模型中输入任意单个公司的财务数据，就可预测该公司的违约概率。商业银行可以应用该模型对其仅具有财务报表数据的公司单笔贷款进行违约率度量。

第三，由于目前我国还没有公开使用的贷款违约数据库，本书所建主成分 Logistic 违约率度量模型所依据的是上市公司财务数据，落实到具体实践中银行可以用内部贷款数据按照本文的实证方法构建银行内部的基于财务数据的 Logistic 违约率度量模型。该方法能否获得成功，主要取决于银行所拥有的数据量及贷款公司财务数据的真实性。

（4）通过基于 KMV 模型的单笔贷款违约率度量研究，本书得到的主要结论有：

第一，在同一行业内，KMV 模型能够很好地分辨出 ST 公司和非 ST 公司信用风险的差异；不同行业上市公司的信用状况之间存在差异，由好到差的顺序是能源业、电子业、房地产业、制造业和农业类上市公司；上市公司信用质量的变化趋势与宏观经济走势表现出一致性。

第二，KMV 模型基于市场数据建立模型，它适合我国商业银行对其具有市场数据的上市公司的贷款违约率进行度量。

第三，股权波动影响资产的波动，从而影响违约距离值。在一定程度上，在 KMV 模型中选择合适且灵敏的 GARCH（1，1）波动率模型估计股权价值的波动率还是很有意义的。但是在选取样本公司的过程中发现，很多业绩好的公司由于不满足 ARCH-LM 检验，没有被选作样本公司。这说明 GARCH（1，1）波动率模型在 KMV 中适用的广泛度上还有待进一步验证。

第四，KMV 模型计算出的单笔贷款的违约概率值都是理论违约概率。由于我国关于公司破产的历史统计数据严重缺乏，本章实证没有根据不同违约距离值的公司的历史违约数据确定违约距离与违约率之间的映射关系，估计预期违约率的大小。[①]

第五，提出了在银行具体实践中，运用 KMV 模型度量单笔贷款违约率切实可行的解决办法。

把违约距离看成是另外一套评级系统。同其他的信用评级系统一样，通过下列调整使之更接近于真实的违约概率，具体的操作步骤是：

第 1 步：收集公司的历史违约数据；

第 2 步：根据实证研究中的方法计算公司的违约距离；

第 3 步：根据所计算的违约距离结果对公司进行分级；

第 4 步：依据评级结果，将公司进行分组；

---

① 本书的附录 3 中给出了国外基于违约距离和公司历史违约数据库映射关系建立的信用评级迁移矩阵。

第 5 步：根据下一年的违约情况，计算每一组公司的违约率，建立违约距离与违约率之间的映射关系，以此估计预期违约率的大小，作为该类级别公司的违约概率。

该方法能否获得成功，完全取决于银行所拥有的历史违约数据量。只有违约样本数据足够多，才可以根据收集的公司历史数据，进行上述 5 步的操作。

（5）通过基于 creditrisk⁺ 模型的信贷组合信用风险度量的研究，本书得到的主要结论有：

第一，creditrisk⁺ 可以有效地计量信贷组合的非预期损失并且可以提高我国商业银行的经济资本管理效率。以该实证中的贷款组合为例，贷款余额 17 亿元，按《巴塞尔资本协议 Ⅰ》8% 的资本充足率要求，经济资本应为 1 亿元左右，而实证计算结果为 6 000 万元左右。

第二，在 creditrisk⁺ 模型中采用加权平均的频带划分方法，不仅可以使模型适用于贷款笔数较多的贷款组合，同样适用于贷款笔数较少的贷款组合。这使得该模型不仅可以应用于总行的经济资本管理，还可以广泛地应用于基层分支行的经济资本管理，乃至不同规模分支行和总行的联动操作管理。另外，这种频带划分方法能够使得所划分的频带个数适当，频带内的贷款笔数均匀，从而减少计算量。creditrisk⁺ 模型在银行信贷组合信用风险管理方面会有广泛的应用前景。

第三，在使用 creditrisk⁺ 模型计量贷款组合信用风险时，依据公司信用等级与行业违约概率两项指标确定违约率参数，具有很强的科学性，可以对公司的分类更加细化，而且可以增加 creditrisk⁺ 模型计量信贷组合预期损失与非预期损失的准确性。

第四，creditrisk⁺ 组合模型计量经济资本的精确性高度依赖于贷款违约率、违约损失率数据的准确性，所以银行应该尽快构建自己的违约数据库和信用风险评价体系。

第五，计算结果有可能低估了经济资本，因为我们假设违约损失率取 10% 不变。在一定程度上，违约损失率是可变的，所以损失分布函数可能有一个厚的尾部。

第六，本书的实证是基于 creditrisk⁺ 模型中违约事件相互独立的假设展开的，creditrisk$^+$的扩展模型则考虑了各行业间违约概率的相关性。在扩展模型下，损失分布需要用其他的算法才能得到数值解，但有时为了更符合银行实际的情况，在实际工作中需根据具体情况进行选择。

8.2 创新之处

本书的主要创新之处包括：

（1）本书构建了从单笔贷款信用风险度量、信贷组合信用风险度量、银行经济资本度量到经风险调整的资本收益率指标度量的系统化度量框架，并对整个框架中涉及的理论计算公式和相关参数的度量进行了深入的理论与实证研究。找到了一套虽然浅显但却能快速运用到银行具体实践中的实用可行的度量办法，这是本书区别于以往国内该领域研究的不同之处。国内该领域的现有文献大都集中于度量方法的综述，缺少针对度量方法在银行内如何操作的研究。

（2）在基于主成分 Logistic 模型的单笔贷款违约率度量研究部分，对财务指标的选取方法进行了改进。原有文献大都采用当年差异显著的财务指标进行次年违约率的预测，本书在对样本公司历史 3 年的财务指标进行两个独立样本的均值差异性非参数 Mann-Whitney（M-W）检验，并对检验结果进行剖面分析的基础上，选择至少两年差异显著的指标构建模型。这种方法所确定的指标，可以提高模型的稳定性。

（3）在基于 KMV 模型的单笔贷款违约率度量研究部分，利用 GARCH（1，1）估计股权价值波动率，利用 KMV 模型对我国上市公司的信用风险状况进行了分行业比较研究，并考察了上市公司信用风险状况与宏观经济走势的关系。研究结果发现：不同行业上市公司的信用状况存在一定的差异，由好到差的顺序是能源业、电子业、房地产业、制造业和农业类上市公司；上市公司信用质量的变化趋势与宏观经济走势表现出一致性。

目前国内学者的研究多集中于在理论上和实证上对 KMV 模型有效性的证明，缺少对我国上市公司的信用风险分行业进行度量及对比分析的研究，更鲜有利用 KMV 方法考察上市公司信用风险状况变化趋势的研究。另外研究文献中多采用传统方法，很少采用 GARCH（1，1）模型计算股权价值波动率，忽视了金融资产数据的波动集聚效应和异方差特性。

（4）在基于 creditrisk⁺模型度量信贷组合信用风险的研究部分，在分析国外 creditrisk⁺模型频带划分缺陷的基础上，改用加权平均的频带划分方法，并提出使用 KMV 模型的行业违约率实证结果和信用评级结果相结合的违约率参数的设定办法，同时采用大连市商业银行某支行中小企业贷款数据对 creditrisk⁺信贷组合模型在贷款组合非预期损失度量中的适用性进行了实证检验。

在 creditrisk⁺模型中采用加权平均的频带划分方法，能够使得所划分的频带个数适当，频带内的贷款笔数均匀。可以使模型不仅适用于贷款笔数多的贷款组合，应用于总行的经济资本管理，而且适用于贷款笔数较少的贷款组合，运用于基层分支行的经济资本管理。在使用 creditrisk⁺模型时，依据公司信用等级与行业违约概率两项指标确定违约率参数，具有很强的科学性，可以对公司分类更加细化，提高 creditrisk⁺模型计量信贷组合预期损失与非预期损失的准确性。

基于研究所得结论，本书对如何加强商业银行信用风险度量和管理给出的政策建议如下：

8.3 政策建议

1）我国商业银行应吸取国外银行在金融危机中的经验教训

深入研究《巴塞尔资本协议Ⅲ》的监管要求和趋势，确定引导银行改革与建设的思路和标准。

（1）明确国际金融监管改革的总体趋势和改革重点。针对危机，国际金融监管机构将进行全方位的金融监管改革，改革包括 3 个层面：

①微观层面。资本监管改革、引入杠杆率指标、建立流动性标准、动态拨备制度、改革金融机构公司治理监管规则以及推动实施稳健薪酬机制等。

②中观层面。改革国际会计准则，建立高质量会计制度，扩大金融

监管范围，将"影子银行体系"纳入金融监管框架，加强评级机构监管，降低金融机构对外部评级的依赖程度，推动场外交易合约标准化，鼓励通过中央交易对手进行交易等。

③宏观层面。建立与宏观经济金融环境和经济周期挂钩的监管制度安排，弱化金融体系与实体经济之间的正反馈效应，强化系统重要性金融机构监管，加强母国和东道国监管当局间的协调，降低风险跨境和跨市场传递等。

（2）明确国际"好银行"的标准。在国际性大银行中，有一些"好银行"经受住了2008年金融海啸的考验，依靠其独特的、先进的管理经验，在最大程度上维护了银行的信誉。我国银行业应总结在金融危机中国外大银行的经验教训，寻找"好银行"的标准，引导银行业的建设与改革。

（3）明确国际风险管理协会（RMA）对风险管理领域的最佳实践要求。

①风险报告架构必须独立于交易部门，且与前台具有同样的级别。高盛著名的劳埃德·布兰克费恩先生建议"金融机构的风险管理人员应与其在利润中心的业务对手拥有同样的级别。当双方对风险评估结果或风险限额意见不一致时，应优先考虑风险管理人员的意见"。

②企业风险管理文化需要企业领导的支持、管理层的有效执行和持续维护，而管理层的有效执行和持续维护需要通过积极监督和定期检查来实现。

③在风险管理流程中严格控制制度的建立和重建是不可动摇的，这些流程包括限额管理以及超限额处理流程等。

④金融机构应定期对经风险调整后的绩效进行审阅，从而判断收益是否足以补偿所承担的风险。

⑤除非有最高管理层的参与，否则一切加强风险管理的努力都没有意义。问题的关键是要将监管合规的观念转变为帮助金融机构抵御所面临的风险。

⑥银行应考虑组成一个专职的分析团队（一些成员来自前台，一些成员来自风险管理部门），并将他们提升到一个单独的级别。这样他

们就会对整个金融机构负责而不是仅对自己的部门主管负责。

　　⑦在聘请专业人才方面，监控部门的专业人员不能弱于被监控部门的专业人员。银行必须避免逆向选择，也就是说那些能力最强、工资最高的人才总是进入业务部门。与银行内的其他部门一样，风险管理应作为银行战略职业框架的一部分，银行应吸引、提拔并留住那些最好的专业人才，并为他们提供向银行高级管理层晋升的通道。

　　2）确立正确的风险管理战略、制定具体的风险管理政策

　　（1）稳健经营是根。商业银行发展战略的选择至关重要，我国正处于经济快速发展的时期，稳健经营应是我国商业银行现阶段较为现实和理性的选择，这样既不会因保守而无法分享到中国经济增长的成果，也可以避免因激进而导致的重大经营失误。其次要在稳健经营的基础上鼓励中国银行业的改革创新。

　　（2）改革创新是魂。金融危机使人们对由于过渡杠杆化导致的风险放大和连锁反应有了更加深刻的认识，因此稳健经营的宗旨重新回归主流。但从整个金融业发展的历史全景来看，金融深化和市场化发展的步伐不会停止，商业银行全球化发展、多元化经营的趋势不会改变，金融创新仍将是经济金融发展的不懈动力。相对于中国实体经济的需求而言，金融创新不够、金融手段不足仍然是十分突出的矛盾，事实上对于快速发展的银行业来说不创新才是最大的风险。因为怕风险而不敢创新，无异于因噎废食。稳健经营是根，改革创新是魂，必须靠稳健经营来防控风险，靠改革创新来增强发展的活力，两者相辅相成、相互促进，才能保持商业银行的持续健康发展。

　　（3）提升风险掌控能力是关键。创新不仅是业务创新、产品创新，而是全面创新，同时还包括风险管理的创新。风险管理的创新关键是要提升风险的掌控能力，也就是说要提升随着银行的改革创新所带来的全部风险的掌控能力。只有这样才能把我们的创新真正把控好，才能真正有内在的、别人拿不走的核心竞争力。

　　中国银行业近年来致力于战略转型，在金融危机和国家宏观经济政策的背景下，商业银行应根据自身的实际情况调整发展战略，确定具体的定量和定性风险管理目标，作为银行风险管理的纲领性文件。

基于稳健经营的发展战略，银行应确立全面风险管理战略，积极构建全面风险管理体系。在全面风险管理战略中，全面是核心，全员和全程是保障，全球是表现，全新和全额是手段，其中最重要的是全面、全员和全程三个方面。

3）进一步强化风险管理体制建设

健全的风险管理体制即风险管理组织架构与管理模式是风险管理目标与风险管理流程有效运行的保证。

风险伴随着银行业务而生，贯穿于业务的每个环节及其整个过程。因此，风险管理不能仅仅依赖某个人或某个部门，更要依赖从高层人员到基层员工的银行各层次所有员工的紧密配合。为实现各个层次的紧密配合，就需要一种组织架构和制度安排来保证。银行只有具备了较好的风险管理组织架构与较高的风险管理水平，才能合理配置资源，从而真正提高自身的风险管理水平。

（1）提升公司治理水平，明确与公司治理相关各方的权责边界，完善高管激励机制。国有产权制度不仅会造成产权不明晰、责权不明确、两权分离不彻底的外部性问题，而且会造成内部治理结构不完善所导致的"内部人控制"问题。现代企业是法人产权制度，以股份制为主要组织形式。其法人产权明晰，责权明确。有步骤、有计划地推进国有商业银行的股份制改造，以产权主体多元化替代产权的单一结构，不仅可以逐渐淡化政府对银行的行政干预，而且可以恢复其所固有的企业性质，有助于建立现代企业制度和公司治理结构。

三大国有商业银行的股份制改造已经完成。近年，银行正在进行股份制产权制度创新，通过引进大型企业集团参股，以产权为纽带，实现银企结合；通过引进国外战略投资者，引进了国外先进的经营理念和国际化人才，这样不仅不会削弱国家控股的主体地位，还可以发挥"杠杆效应"，从而扩大由国有资本支配的社会资本的数量，增强国有经济的控制力。

按照"经济、集约、高效"和"以客户为中心"、"以市场为导向"的原则，股份制商业银行可以建立以董事会为主的决策机构，以总经理为主的执行机构，以监事会为主的监督机构的组织架构。风险管理组织架构应包括：在董事会领导下的负责银行风险管理决策的风险管理委员会；负责风险控制和风险管理政策实施的风险管理职能部门；负责监控的稽核部门与业务风险经理。构建风险管理组织架构的同时应明确各机构的职能。

（2）进一步完善信用风险管理组织架构及管理模式，逐步实行以产品为单元、以业务线为流程的事业部管理制度。

国有商业银行传统的组织架构是参照政府机构的组织结构设计的，银行总部主要履行行政管理功能，分支机构的业务管理通过"省—市—县"的行政结构下放到当地，每层分支机构设置相应的职能部门。传统的这种组织体系难以适应当今我国银行业的业务发展和市场竞争的需要，各银行应根据自身的实际情况和客户需求，从纵向减少管理层次，横向延长经营半径，深化组织结构调整和流程再造，打破以前的条条块块结构，实行拓宽横向组织结构、精简纵向组织的扁平化机构改革和集约式业务重组。逐步实行以产品为单元、业务线为流程的事业部管理制。

事业部制的优势在于可以实现金融资源在全国范围内的统一配置，提高资源配置的效率；可以从全国角度把握行业特征与规律，进行行业周期研究，更好地把握系统风险，提高银行的风险管理水平。

在银行组织结构调整过程中，需要注意的问题包括：①由于当前银行的内部垂直条线和块块并存所带来的营销上的矛盾。②难以分拆整合的业务模块。③由于行内利益格局重新分配所面临的制度阻力。④总行部门需全面建设业务管理能力，重塑业务流程，建设全新的部门文化，配备足够强大的信息系统作为硬件支持。具体地，在数据信息系统上建设全行统一的数据资源平台，在风险管理上建设全行统一的风险管理平台，在客户关系管理上建设全行集中的客户服务平台。

4）高度关注由于信贷快速增长可能带来的信用风险，以确保资产质量经得起历史考验

在银行家调查报告中，对风险管理的重要程度的评分结果显示：信用风险、操作风险和市场风险的平均得分分别位于前三名。在我国目前仍以传统信贷为主的经营模式中，信用风险仍是主要风险。受金融危

机、国家宏观政策、经济下行周期的影响，银行面临的信用风险更加严峻。2008 年 11 月，我国政府实施适度宽松的货币政策，提出了未来两年 4 万亿元人民币的信贷投放计划。2008 年最后两个月的信贷投放额为 1.23 万亿元，2009 年上半年的投放总额达到 7.37 万亿元。由于经济回升的基础尚不稳固，产能过剩的问题依然明显，信贷投向过于集中在基础设施和地方政府融资项目等，其中潜藏的风险不容小觑。银行需要高度关由于注信贷快速增长可能带来的信用风险，以确保资产质量经得起历史考验。

（1）加强票据融资的风险管理。在 2009 年的信贷投放中票据融资占有相当大比例，票据关系缺乏基础交易，票据空转导致存款虚增、贷款放大。如果这些信贷资金流向房地产市场和股票市场，会推高资产泡沫，加大银行业的信贷风险。

（2）排查在信贷投放高速增长的条件下可能出现的不审慎行为。银行业在快速扩张的过程中，会出现盲目贷款等管理弱化行为，包括贷款调查不全面、审批不严格、贷后检查不到位、贷款投向失控等。银行需要加强对存量资产的风险排查。

（3）关注具有地方政府背景的融资平台的贷款风险。地方政府项目普遍存在资本金不到位以及不能及时到位的现象，部分地方政府的负债率极高，而地方政府的财力有限，银行很难对地方政府真实的财政情况进行评估，所以银行需要关注地方政府项目资本金的缺口风险。

（4）加强对宏观经济形势和政策的研判，加强对重点行业和客户的监测，关注贷款集中度风险。从各家银行看，信贷投放仍呈现多元化态势，但从全国宏观层面看，银行业新增贷款可能出现客户集中化、行业集中化和期限中长期化的特征，贷款的客户、行业和地区的集中度越大，银行越容易受到经济周期和宏观经济形势的影响，从而越容易引发系统性风险。

（5）对将来新增贷款，加强其业务前期的风险审核力度，加强对业务风险的控制，以确保信贷业务质量。调整信贷结构，加强防御性行业贷款的投放力度，提高低风险资产的配置比重，加快非资本消耗性业务的发展；加强风险管理的覆盖面，多计提拨备；加强不良资产的核销力度。

5）增强风险管理意识，改变风险管理理念，培育先进的、全员的风险管理文化

风险无处不在，商业银行的内在风险特性决定了风险管理必须依靠每一个员工的努力，所有银行工作人员都要有风险管理的意识和责任心。银行虽然设有风险管理机构，但是风险管理绝不仅仅是风险管理部门的事情，更需要银行基层的各个经营机构乃至每一个员工的共同参与。在全面风险管理战略中，全面是核心，全员和全程是保障。只有提倡、树立和培育这样先进的风险管理文化，从风险管理体系的决策机构、执行机构到银行每个成员都自上而下强化全员风险意识，都以主人翁的态度去履行自身的职责，积极参与风险管理，才能真正提高银行的风险管理水平。

银行需要将风险文化建设纳入企业文化建设范围，积极创造并运用多种载体和形式，加大宣传力度，使全行员工树立正确的风险理念。

高层管理人员应通过言行举止引导本行关注相关的风险并提高大家对风险的关注度。西方那些先进大银行的高管人员经常向其下属发问诸如以下问题：哪10家客户给本行带来最大的风险回报？按风险衡量，哪10家客户是本行最差的客户？按行业和地理区域衡量，本行的风险分布状况如何？我们的信贷资产多元化程度如何？怎样的业务和客户占有了多少风险资本？业务盈利计划是如何与风险政策结合起来的？信用组合的风险是正在走高还是走低？若风险正在走高，那么是因为系统性风险还是因为本行所选择的业务组合本身的风险？在某一期间内，业务风险组合发生了怎样的变化？除上述关键问题外，西方商业银行的高管人员还会围绕以下问题要求下属定期提供固定格式的业务报告：风险分布，与计划相对的风险变化，与地理区域、市场相对的风险变化，定价、条款、结构和行业需求的趋势，风险最高的头寸、客户、地区和产品等。

建立科学的考核和激励机制。加大行为约束和惩罚力度，制定统一的标准引导员工"正确地做事、做正确的事"。提高风险管理部门员工的地位，建立对风险管理人员价值的尊重，使其具有与业务部门员工同

等重要的地位。

国有商业银行的实践经验证明，建设风险管理长效机制必须坚持机制和人的互动，以人为核心，概括起来就是："风险管理以人为本，风险管理与人为善，风险管理人人有责，风险管理事在人为"。

6）逐步开发各种风险量化模型、优化内部评级系统、完善风险评估的内容与方法

风险的量化度量是进行风险管理的重要基础，只有在对银行所面临的各种风险进行量化度量的基础上，才能够运用风险组合分析的方法，对银行整体的风险进行分析。在风险量化模型的辅助下，银行对风险的判断和计量会更加精确，有助于提高银行防范风险的能力。

（1）结合自身特点，建立适合本行的信用风险识别模型。我国银行定量化风险管理水平还比较落后，一方面需要投资于别人开发好并经经验验证过的最好的风险模型，投资于世界级的内部评级框架平台；另一方面还需要因地制宜、结合自身特点，踏踏实实积累自己的历史数据，开发并建立自己的内部风险识别模型。随着贷款客户和业务的不断变化及判定过程中积累的经验，银行还必须及时对模型进行修正，以保持模型的准确性和时效性。

（2）坚持定量分析与定性分析相结合。信用风险识别模型是一种定量研究方法，但它并不是万能的，不能完全取代传统的定性研究方法，定量研究方法必须与定性研究方法相结合，才能发挥最大的效应。另外，在应用定量模型管理风险时，要警惕模型风险。

信用风险识别是信用风险量化的基础，提高信用风险识别的准确性是我国商业银行信用风险度量首先要解决的问题。银行可以从评级数据和评级方法两个方面入手。在评级数据数据方面，一是保证数据的质量；二是保证数据的完整性。在保证评级数据的质量方面，银行需要对信息进行审核，例如加强对客户会计报表的审核，选择最能反映行内及我国客户风险特点的指标等。在保证数据的完整性方面，银行需要收集测算违约率的数据包括：违约时间、违约客户历年的信用等级、违约类型、清偿类型、所属行业、地区等；银行需要收集的测算违约损失率的数据包括：借款人情况、违约时的剩余贷款额、抵押/担保情况、违约

偿还情况等。在评级方法方面，银行可以在综合打分法的基础上，适当应用新的统计方法或统计模型方法，如多元判别法、逻辑回归法、KMV方法或人工智能法。

（3）构建信用风险组合度量模型。为了能够更准确地评估信用风险的高低，在信用风险识别模型的基础上，构建信用风险组合度量模型。内部信用风险度量模型可以根据相关的风险特征信息进行构建，这些风险特征信息具体包括：单笔贷款的非预期损失、宏观经济状况、客户、行业贷款集中度和其他影响整个贷款组合预期损失的波动因素。用以上信息计算银行的预期损失和非预期损失，进而确定银行该保有的准备金数量和经济资本。在此之上，银行才可以更科学地、客观地进行风险的管理。

开发或引入信贷组合风险度量模型，辅助完成风险限额、产品定价、经济资本分配、绩效考核、资本充足率测算等方面的工作是重中之重。

7）加快数据收集、加强IT信息系统建设

国际活跃银行的实践证明，风险管理信息系统水平的高低直接决定了风险管理水平的高低。我国银行业早期的IT系统在支持产品创新和快速定制方面比较欠缺，银行要想在市场上占据主动地位，更好地服务于客户，需要建立产品快速定制实现能力高的IT系统，且该系统还需要具有较强的随需应变的能力。未来银行业需要加大IT建设的投入。

IT系统对集成性、数据共享性、一致性、及时性的要求很高，我国银行业需要加快数据清洗和补录工作，建立并实行完整、严格、一致的数据标准以帮助模型的开发、验证和校正。数据收集必须在全银行范围内横跨整个信贷管理程序，其过程必须标准化。若在没有解决好数据基础便急于求成的话，最终结果只能是"垃圾进、垃圾出"。

8）建立一支风险管理的专业化队伍，加强人力资源建设

在商业银行风险管理工作中，事前尽职调查的深度和广度是降低信息不对称最现实的途径，也是信用风险管理的基础和根本。因此，有效提高商业银行信用风险管理水平的根本出路首先在于尽快提高贷前调查报告的质量。可以通过风险经理与客户经理平行作业，提高银行对借款

人及其项目、业务的了解程度。夯实贷前调查是风险防范的第一道防线。

注意对现有员工的定期业务培训和优化调整，及时更新风险管理人员的知识体系。引进、选拔和培养一批风险管理的专业人才，尤其是具备金融财务理论基础、数理基础和计算机技术的复合型人才，对商业银行提高识别风险、度量风险和控制风险的能力具有重要意义。尽快建立科学的考核和激励机制，依靠完善的晋升机制和薪酬体系防止人才流失，保障人才的稳定性。信用风险专家队伍的建设和维护对银行的长期稳定发展至关重要。

8.4 需要进一步研究的问题

由于作者对这一领域的研究尚浅，另外鉴于时间、精力及其他一些客观条件所限，本书的研究仍存在一些不足之处。这些将成为本书后续研究的重点。

（1）在基于主成分 Logistic 回归方法的违约率度量实证研究中，只选取了财务指标作为变量，今后应尝试在财务指标中加入区别力强的定性指标一起建模，以提高模型的预测能力。

（2）在基于 KMV 模型进行违约率度量实证研究中，由于样本公司选取条件设定方式的限制，导致选取的样本公司数量较少，无法对各个行业展开广泛的研究。

（3）在基于 creditrisk+ 模型度量信贷组合信用风险的实证研究中，对频带划分和违约率参数的设定进行了创新，但对违约损失率参数的设定则选择银行历史数据估计的常数 10%，以后可以考虑违约率变化的 creditrisk+ 模型的实证计算。

附录 1　　　　　样本公司股权价值波动率方程结果表

股票代码	股票名称	C 或 AR (1)		C (2)	C (3)	C (4)	AIC	SC
000720	ST 能山	0.127433	AR (1)	6.90E−06	0.0459	0.9493	3.5761	3.5500
000027	深圳能源	0.000974	C	2.57E−05	0.0689	0.9103	3.9147	3.8892
600130	ST 波导	0.057937	AR (1)	0.000111	0.0917	0.8358	3.6817	3.6564
000021	长城开发	0.000572	C	0.000193	0.0799	0.7825	3.7400	3.7144
600506	ST 香梨	0.074235	AR (1)	3.49E−05	0.0978	0.8867	3.4135	3.3872
600962	国投中鲁	0.001916	C	0.000183	0.0898	0.8111	3.4875	3.4619
000628	ST 高新	0.210714	AR (1)	2.86E−05	0.0426	0.9422	3.4752	3.4473
600024	南京高科	0.001611	C	4.23E−05	0.0473	0.9623	3.6028	3.5772
000576	ST 甘化	0.002597	C	4.10E−05	0.0658	0.9116	3.5435	3.5175
000598	ST 清洗	0.001081	C	0.001488	0.2150	0.0447	3.3990	3.3727
000955	ST 欣龙	0.07428	AR (1)	3.13E−05	0.0933	0.8928	3.4262	3.4001
600860	ST 北人	0.098674	AR (1)	0.000173	0.0942	0.8214	3.3943	3.3685
000023	深天地 A	0.001479	C	0.000378	0.1875	0.6035	3.5521	3.5261
000612	焦作万方	0.126689	AR (1)	0.000191	0.0746	0.8348	3.3438	3.3182
000791	西北化工	0.094119	AR (1)	7.96E−05	0.0806	0.8789	3.4913	3.4659
600226	升华拜克	0.001529	C	2.81E−05	0.0813	0.9026	3.7232	3.6979

GARCH = C (2) + C (3) ∗ RESID (−1) ^2 + C (4) ∗ GARCH (−1)

附录2　　　　　　　　样本公司代码（锐思数据库）

ST 公司代码				非 ST 公司代码			
000008	000716	600155	600608	600004	600196	600291	000016
000018	000725	600198	600610	600060	600202	600297	000028
000048	000728	600207	600671	600064	600213	600301	000050
000058	000735	600217	600699	600069	600220	600302	000407
000100	000783	600223	600706	600071	600229	600303	000413
000430	000920	600381	600714	600077	600233	600305	000488
000498	000965	600386	600716	600078	600247	600362	000522
000545	000981	600462	600722	600093	600250	600367	000533
000569	000982	600466	600757	600096	600257	600371	000596
000605	600080	600552	600828	600101	600265	600380	000617
000673	600084	600556	600854	600120	600283	600392	000625
000681	600094	600579	600984	600123	600288	600398	000651
000692	600101	600599	600988	600128	600289	600403	000700

附录3　　　Leo Brand 计算美国 10 000 家公司违约距离所得信用

评级变化迁移矩阵（单位：基点）

年初时的信用评级		AAA	AA	A	BBB	BB	B	CCC	Default
年末时的信用等级	AAA	9 366	66	7	3	3	0	16	0
	AA	583	9 172	225	25	7	10	0	0
	A	40	694	9 176	483	44	33	31	0
	BBB	8	49	519	8 926	667	46	93	0
	BB	3	6	49	444	8 331	576	200	0
	B	0	9	20	81	747	8 418	1 074	0
	CCC	0	2	1	16	105	387	6 395	0
	Default	0	1	4	22	98	530	2 194	10 000

附录4　　　　　　　第 6 章损失分布 VB 编程程序

```
Dim v (9) As Integer

Dim e (9) As Integer
```

```
Dim a (328) As Double
Private Sub Command1_ Click ()
Open "d: \ file1. txt " For Output As #1
Dim n As Integer
Dim j As Integer
Dim jp As Integer
a (0) = 9. 24059E-13
a (1) = 4 * a (0)
For n = 1 To 328
    a (n) = 0
    j = 1
    Do While v (j) < = n And j < = 9
    a (n) = a (n) + (e (j) / n) * a (n - v (j))
    j = j + 1
    If j = 10 Then Exit Do
    Loop
Next


For n = 1 To 328
    If n Mod 6 = 0 Then
    Print #1, Format (a (n), "0. 0000000000E-00 ")
    Else
    Print #1, Format (a (n), "0. 0000000000E-00 "); "      ";
    End If
Next
End Sub
```

主要参考文献

一、中文文献

［1］刘睿，巴曙松．我国中小银行实施巴塞尔新资本协议的问题与建议［J］．金融与经济，2011（1）：3-7．

［2］章彰．"巴塞尔资本协议Ⅲ"对中国银行业真的没影响吗？［J］．银行家，2010（5）．

［3］巴曙松，朱元倩，等．金融危机中的巴塞尔资本协议——挑战与改进［M］．北京：中国金融出版社，2010．

［4］唐齐鸣，黄苒．中国上市公司违约风险的测度和分析——跳—扩散模型的应用［J］．数量经济技术经济研究，2010（10）：101-115．

［5］克里斯．金融风险度量概论［M］．汤大马，李松，译．北京：清华大学出版社，2009．

［6］彭建刚，吕志华．基于行业特性的多元系统风险因子 creditrisk$^+$ 模型［J］．中国管理科学，2009，17（3）：56-64．

［7］陈德胜，文根第，等．商业银行全面风险管理［M］．北京：清华大学出版社，2009．

［8］高铁梅．计量经济分析方法与建模——Eviews 应用及实例

[M].2 版.北京：清华大学出版社，2009.

[9] 彭建刚，吕志华.基于违约损失率变化的 creditrisk[+]模型的一种修正[J].预测，2009，28（6）：48-52.

[10] 李京元，黄建华.经济资本在商业银行信用风险管理中的应用研究[J].经济师，2009（9）：187-188.

[11] Ruey S. Tsay.金融时间序列分析[M].王辉，潘家柱，译.北京：人民邮电出版社，2009.

[12] 彭建刚，屠海波，等.有序多分类 Logistic 模型在违约概率测算中的应用[J].财经理论与实践（双月刊），2009（7）：3-7.

[13] 蒋正权，张能福.KMV 模型的修正及其应用[J].统计与决策，2009（8）：67-69.

[14] 夏红芳.商业银行信用风险度量和管理研究[M].杭州：浙江大学出版社，2009.

[15] 闫海峰，华雯君.基于 KMV 模型的中国上市公司信用风险研究 [J]，农业经济研究，2009，（3）：14-22.

[16] 武剑.商业银行经济资本配置——理论模型与案例研究[J].国际金融研究，2009（5）：69-77.

[17] 张晓峒.应用数量经济学[M].北京：机械工业出版社，2009.

[18] 中国银行业协会.中国银行家调查报告 2009[M].北京：中国金融出版社，2009.

[19] 顾乾屏，孙晓昆.我国信用风险结构模型研究综述[J].生产力研究，2008（12）：154-156.

[20] 彭建刚，张丽寒.聚合信用风险模型在我国商业银行应用的方法论探讨[J].金融研究，2008（8）：72-85.

[21] 孙小琰，沈悦，等.基于 KMV 模型的中国上市公司价值评估实证研究[J].管理工程学报，2008.

[22] 夏红芳，马俊海.基于 KMV 模型的上市公司信用风险预测[J].预测，2008（6）：39-43.

[23] 约翰·郝尔.风险管理与金融机构[M].王勇，金燕敏，

译．北京：机械工业出版社，2008.

[24] 上海市金融学会．当前金融改革开放中的若干问题研究 [M]．上海：学林出版社，2008.

[25] 王兆星．中国银行业实施新资本协议的攻坚之年[J]．中国金融，2008（5）．

[26] 杨永生，周子元．信用风险计量：文献综述与评价[J]．西南金融，2008（9）：61-62.

[27] 梁凌，彭建刚，等．内部评级法框架下商业银行信用风险的资本测算[J]．财经理论与实践（双月刊），2008（5）：17-21.

[28] 王建稳，梁彦军．基于 KMV 模型的我国上市公司信用风险研究[J]．数学的实践与认识，2008（5）：46-52.

[29] 陈守东．金融资产波动模型与风险度量[M]．北京：经济科学出版社，2007.

[30] 夏红芳，马俊海．基于 KMV 模型的农业上市公司信用风险实证分析[J]．农业经济问题，2007（10）：88-92..

[31] 张泽京，陈晓红．基于 KMV 模型的我国中小上市公司信用风险研究[J]．财经研究，2007（11）：31-40.

[32] 迟国泰，刘冬．基于银行贷款组合风险的经济资本计量模型[J]．管理评论，2007（2）：3-7.

[33] 石晓军．商业银行信用风险管理研究——模型与实证[M]．北京：中国邮电出版社，2007.

[34] 石晓军．边界 Logistic 违约率模型及实证研究 [J]．管理科学学报，2007（6）：44－51.

[35] 李志辉．中国银行业风险控制和资本充足性管制研究[M]．北京：中国金融出版社，2007.

[36] 马若微．KMV 模型运用于中国上市公司财务困境预警的实证检验[J]．数理统计与管理，2006，25（5）：593-601.

[37] 庞素琳．Logistic 回归模型在信用风险分析中的应用[J]．数学的实践与认识，2006（9）：129-137.

[38] 查尔斯·史密斯．信贷资产组合管理[M]．张继红，陈德

胜，译．北京：中国人民大学出版社，2006.

[39] 曹道胜，何明升．商业银行信用风险模型的比较及其借鉴[J].金融研究，2006（10）：90-97.

[40] 唐春阳，张恒.KMV模型在商业银行信用风险中的应用[J].财会研究，2006（2）.

[41] 李仁杰，王国刚．中国商业银行发展研究[M].北京：社会科学文献出版社，2006.

[42] 章政，田侃．现代信用风险度量技术在我国的应用方向研究[J].金融研究，2006（7）：86-113.

[43] 朱小宗，张宗益．现代信用风险度量模型的实证比较与适用性分析[J].管理工程学报，2006（1）：88-93.

[44] 朱小宗，张宗益，等．信用风险度量方法与建模研究[J].系统工程学报，2006（12）：561-567.

[45] 中国银行业监督委员会．统一资本计量和资本标准的国际协议：修订框架[M].北京：中国金融出版社，2006.

[46] 马若微.KMV模型运用于中国上市公司财务困境预警的实证检验[J].数理统计与管理，2006，25（5）：594-601.

[47] 侯光明．信用风险度量的结构化方法[J].北京理工大学学报，2005（6）.

[48] 李志辉，李萌．我国商业银行信用风险识别模型及其实证研究[J].广东社会科学，2005（2）：17-22.

[49] 梁凌，谭德俊.creditrisk$^+$模型下商业银行经济资本配置研究[J].经济数学，2005（9）：221-228.

[50] 梁琪．商业银行信贷风险度量研究[M].北京：中国金融出版社，2005.

[51] 梁琪．企业经营管理预警：主成分分析在Logistic回归方法中的应用[J].管理工程学报，2005（1）：99-103.

[52] 石晓军，陈殿左．基于期权与基于会计信息信用模型的一致性研究——对我国上市公司的实证研究[J].系统工程理论与实践，2005（10）：12-20.

[53] 戴维特，今井贤志．信用风险模型与巴塞尔协议［M］．燕清联合，周天芸，译．北京：中国人民大学出版社，2005．

[54] 吴恒煜，陈金贤．基于价格随机波动率的衍生产品期权定价［J］．西安交通大学学报，2005（2）．

[55] 武剑．内部评级理论与实务［M］．北京：中国金融出版社，2005．

[56] 郭敏华．信用评级［M］．北京：中国人民大学出版社，2004．

[57] 巴塞尔银行监管委员会．统一资本计量和资本标准的国际协议：修订框架［M］．北京：中国金融出版社，2004．

[58] 巴塞尔银行监管委员会．外部信用评级与内部信用评级体系［M］．罗平，编审．北京：中国金融出版社，2004．

[59] 蔡风景，杨益党．基于损失程度变化的 creditrisk$^+$ 的鞍点逼近［J］．中国管理科学，2004（6）：29-33．

[60] 方洪全，曾勇．银行信用风险评估方法实证研究及比较分析［J］．金融研究，2004（1）．

[61] 管七海，冯宗宪．信用违约概率测度研究：文献综述与比较［J］．世界经济，2004（11）：41-54．

[62] 罗平．巴塞尔新资本协议研究文献及评述［M］．北京：中国金融出版社，2004．

[63] 迈克尔．内部信用风险模型——资本分配和绩效度量［M］．李志辉，译．天津：南开大学出版社，2004．

[64] 杨军．银行信用风险——理论、模型和实证分析［M］．北京：中国财政经济出版社，2004．

[65] 武剑．论商业银行经济资本的配置与管理［J］．新金融，2004（4）：25-30．

[66] 杨星，张义强．中国上市公司信用风险管理实证研究［J］．中国软科学，2004（1）．

[67] 易丹辉，吴建民．上市公司信用风险计量研究——KMV 模型及其应用［J］．统计与信息论坛，2004，19（6）：8-11．

［68］于立勇，詹捷辉．基于 Logistic 回归分析的违约概率预测研究［J］．财经研究，2004（9）：15-23．

［69］于立勇，曹凤岐．论新巴塞尔资本协议与我国银行资本充足水平［J］．数量经济技术经济研究，2004（1）：30-40．

［70］詹原瑞．银行信用风险的现代度量与管理［M］．北京：经济科学出版社，2004．

［71］张晓峒．计量经济学软件 EViews 使用指南［M］．2 版．天津：南开大学出版社，2004．

［72］章彰．解读巴塞尔新资本协议［M］．北京：中国经济出版社，2004．

［73］章彰．商业银行信用风险管——兼论巴塞尔新资本协议［M］．北京：中国人民大学出版社，2004．

［74］赵先信．银行内部模型和监管模型［M］．上海：上海人民出版社，2004．

［75］薛锋，关伟，乔卓．上市公司信用风险度量的一种新方法——KMV［J］．西北工业大学学报，2003（9）：38-44．

［76］巴曙松．巴塞尔新资本协议研究［M］．北京：中国金融出版社，2003．

［77］鲁炜，赵恒珩，刘冀云．KMV 模型关系函数推测及其在中国股市的验证［J］．运筹与管理，2003（6）：43-48．

［78］于立勇．商业银行信用风险评估预测模型的研究［J］．管理科学学报，2003（10）．

［79］张晓峒．计量经济分析［M］．北京：经济科学出版社，2003．

［80］巴塞尔银行监管委员会．巴塞尔银行监管委员会文献汇编［M］．中国人民银行，译．北京：中国金融出版社，2002：123- 140．

［81］程鹏，吴冲锋．信用风险度量和管理方法研究［J］．管理工程学报，2002（1）：70-73．

［82］杜本峰．实值期权理论在信用风险评估中的应用［J］．经济经纬，2002（5）：80-82．

［83］沈沛龙，任若恩．现代信用风险管理模型和方法的比较研究[J]．经济科学，2002（3）．

［84］彭书杰，詹原瑞．国内外两种信用风险模型的比较与剖析[J]．甘肃科学学报，2002，14（1）：91-95.

［85］王琼，陈金贤．信用风险定价方法与模型研究[J]．现代财经，2002（4）：14-16.

［86］梁世栋，郭爻，等．信用风险模型比较分析[J]．中国管理科学，2002，10（1）：17-22.

［87］李志辉．现代信用风险量化度量和管理研究[M]．北京：中国金融出版社，2001.

［88］毛晓威，巴曙松．巴塞尔委员会资本协议的演变与国际银行业风险管理的新进展[J]．国际金融研究，2001（4）：13-19.

［89］桑德斯．信用风险度量：风险估值的新方法与其他范式[M]．北京：机械工业出版社，2001.

［90］考埃特．演进着的信用风险管理 [M] 石晓军，译．北京：机械工业出版社，2001.

［91］吴世农，卢贤义．我国上市公司财务困境的预测模型研究[J]．经济研究，2001（6）：46-55.

［92］陈晓，陈治鸿．企业财务困境研究的理论方法及应用[J]．投资研究，2000（6）：29-33.

［93］张玲，财务危机预警分析判别模型[J]．数量经济技术经济研究，2000（3）：49-51.

［94］梁琪．企业信用风险的量化度量研究[J]．南开经济研究，2000（6）：54-59.

［95］陈静．上市公司财务恶化预测的实证分析[J]．会计研究，1999（4）：31-38.

［96］王春峰，万海晖．商业银行信用风险评估及其实证研究[J]．管理科学学报，1998（1）：68-72.

二、英文文献

［1］BARBEDO C H S. A Down-and-Out Exchange Option Model with

Jumps to Evaluate Firms Default Probbilities in Brazil [J] . LEMGRUBER E. F. Emerging Markets Review, 2009, 5 (1) .

[2] DESHPANDE A. The CreditRisk$^+$ Model with General SectorCorrelations [J] . Journal of Operations Research, 2009, 17 (2): 219-228.

[3] AVESANI R G. Review and Implementation of Credit Risk Models of the Financial Sector Assessment Program [R] . IMF Working Paper, 2006.

[4] LIU JING JUN . Predicting Financial Distress Logit Model vs. Duration Model [R] . Lecture Notes in Decision Science, 2006, Vol (7): 412-421.

[5] IYER D. The creditrisk$^+$ Model With General Sector Correlation [Z] . 2005. http: //www. gloriamundiorg/detailpopupasp? ID=453058130.

[6] AVESANI R G. Review and Implementation of Credit Risk Models of the Financial Sector Assessment Program [R] . IMF Working Paper, 2006.

[7] ALTMAN E I. The Link beteen Default and Recovery Rates: Theory, Empirical Evidence and Implications [J] . Journal of Business, 2005, Vol. 78 (6): 2203-2228.

[8] IYER D. The creditrisk$^+$Model With General Sector Correlation [Z] . 2005. http: //www. gloriamundiorg/detailpopupasp? ID=453058130.

[9] Chen Y . Which Method is More Powerful in Predicting Financial Distress in Taiwan ? Credit Scoring vs. Option Pricing [J] . Journal of Risk Management, 2004, 6 (2): 155-180.

[10] ERAKERB. Do Stock Prices and Volatility Jump? Reconciling Evidence from Spot and Option Prices [J] . The Journal of Finance, 2004, 59 (3): 1367-1403.

[11] GUNDLACH M. CreditRisk$^+$ in the Banking Industry [M] . Berlin Heidelberg: Springer, 2004.

[12] HAAF H. Numerically Stable Computation of CreditRisk$^+$ [J] .

Journal of Risk, 2004, 6 (4): 1-10.

[13] JONES. Predicting Firm Financial Distress: A Mixed Logit Model [J] . The Accounting Review, 2004, (79): 1011-1038.

[14] DIETSCH M. The Credit Risk in SME Loans Portfolios: Modeling Issues, Pricing and Capital Requirement [J] . Journal of Banking and Financing, 2002, 26 (2): 303-322.

[15] GORDY M B. Saddlepoint approximation of CreditRisk$^+$ [J] . Journal of Banking & Finance, 2002, 26 (7): 1337-1355.

[16] MATTEW K. Methodology for Testing the Level of The Credit Measure [R] . White Paper, Moody's, 2002, (8): 221-231.

[17] BURGISSER P. Incorporating Severity Variations into Credit Risk [J] . Journal of risk, 2001, Vol. 3 (4): 5-31.

[18] DIDIER C. Advanced Credit Risk Analysis [M] . New York : John Wiley & Sons Ltd. , 2001, 9 - 33.

[19] KEALHOFEN S. The Default Prediction Power of Merton Approach, Relative to Debt Ratings and Accounting Variables [R] . KMV Corporation, 2001.

[20] SHUMWAY T. Forecasting Bankruptcy More Accurately: A Simple Hazard Model [J] . Journal of Business, 2001, (74): 101-124.

[21] STEPHEN K . Portfolio management of default risk [R] . White Paper, Moody KMV, 2001, Revised 3-31.

[22] TOM W. IRB Approach Explained [J] . RISK, 2001, (5): 87-90.

[23] ZHOOU C. S . The Term Structure of Credit Spreads with Jump Risk [J] . Journal of Banking and Finance, 2001 (25): 2015-2040.

[24] CROUHY M. A Comparative Analysis of Current Credit Risk Models [J] . Journal of Banking & Finance, 2000, Vol. 24 (1): 59-117.

[25] GORDY M B. A Comparative Anatomy of Credit Risk Models [J] . Journal of Banking & Finance, 2000, 24: 119-149.

[26] LAITINEN K E. Bankruptcy Prediction: Application of the Taylor

Expansion in Logistic Regression [J] . International Review of Financial Analysis, 2000 (9): 327-349.

[27] ANTHONY S. Credit Risk Measurement: Approaches to Value at Risk and Other Paradigms [M] . New York: John Wiley & Sons Inc, 1999.

[28] BURGISSER P. Integrating Correlations [J] . Journal of Risk, 1999, 12 (7): 37-44.

[29] CROUHY. Evaluating Credit Risk : An Option Pricing Approach [C] . In Managing Market and Credit Risks, 1999.

[30] KAREN V. Recovering Your Money: Insights Into Losses from Defaults [J] . Standard & Poor's Credit Week, 1999, 16: 29-34.

[31] ALTMAN E I. Credit Risk Measurement: Developments over the Last 20 Years [J] . Journal of Banking & Finance, 1998, 21: 1721 -1742.

[32] KEALHOFER S. Portfolio Management of Default Risk [R], KMV Corporation, 1998.

[33] LEEV C. Bankrupt Bank Loan Recoveries, Moody Investors Services [J] . Special Comment, 1998, 6.

[34] MASON R. An Option-based Model of Equilibrium Credit Rationing [J] . Journal of Corporate Financial, 1998 (4): 71-85.

[35] MITCHELL B. On the Profitability and Cost of Relationship Lending [J] . Journal of Banking & Finance, 1998, 22: 873-897.

[36] BRIYS E. On the Risk of Insurerance Liabilities: Debunking some Common Pitfalls [J] . Journal of risk and insurance, 1997, Vol. 6: 467-694.

[37] EDWARD I. Almost Everything You Wanted to Know about Recoveries on Defaulted Bonds [J] . Financial Analysts Journal, 1996, 11/ 12: 57-64.

[38] HUFFMAN P S. The Prediction of Default for Hight Yield Bond Issues [J] . Review of Financial Economics, 1996 (5): 75-89.

[39] BERGERA N. Relationship Lending and Line of Credit in Small

Firm Finance [J] . Journal of Business, 1995, 68 (3) : 351-371.

[40] LONGSTAFF F A. A Simple Appoach to Valuing Risky Fixed and Floating Rate Debt [J] . Journal of Finance, 1995, 789-819.

[41] ASARNOW E. Historical Performanceof the US Corporate Loan Market: 1988 - 1993 [J] . The Journal of Commercial Lending, 1994, Vol. 10: 13-32.

索　引

后　记

　　本书是在我的博士论文的基础上修改完成的。本书得以顺利出版，首先要感谢我的导师郭多祚教授。从博士论文的选题、撰写、修改直至最终完成都凝聚了恩师的大量心血。导师谦和的为人、渊博的知识、严谨的治学态度、孜孜不倦的工作作风以及深邃的学术思想和献身科学的奉献精神，我将铭记于心，并将在今后的学习、工作和生活中受益终身。还要感谢数学与数量经济学院王维国教授、高铁梅教授、王雪标教授、陈磊教授、佟孟华教授和国际商学院王庆石教授对论文提出的宝贵意见以及在论文写作过程中给予我的真诚帮助和鼓励。还有我的师兄师姐们，徐占东老师、陈飞老师、卢永艳老师、王远林老师、单飞老师、夏艳青老师和张同斌老师等，感谢他们在我的论文写作过程中给予的热情指导和大力帮助。

　　本书的出版得到了东北财经大学数学与数量经济学院专著出版专项资金的资助，在此深表谢意！

　　最后，我还要衷心地感谢我的家人，是他们为我创造了良好的学习环境，给予我莫大的理解、支持和鼓励，解决了我的后顾之忧。

　　虽然我已经尽自己最大的努力来撰写论文、修改书稿，但是由于自己的科研能力和水平所限，对一些问题的分析还未达到一定的深度和广度，有待于今后进一步的研究。对于本书存在的不足，敬请各位专家、学者批评指正。

作 者
2014 年 6 月